中国票据市场研究

（2019 年第 1 辑，总第 1 辑）

中国票据研究中心　编

中国金融出版社

责任编辑：黄海清
责任校对：潘　洁
责任印制：裴　刚

图书在版编目（CIP）数据

中国票据市场研究．2019年．第1辑／中国票据研究中心编．—北京：中国金融出版社，2019.12

ISBN 978-7-5220-0367-2

Ⅰ．①中… Ⅱ．①中… Ⅲ．①票据市场—研究—中国 Ⅳ．①F832.5

中国版本图书馆CIP数据核字（2019）第255942号

中国票据市场研究
Zhongguo Piaoju Shichang Yanjiu

出版
发行 中国金融出版社

社址 北京市丰台区益泽路2号
市场开发部 （010）63266347，63805472，63439533（传真）
网 上 书 店 http：//www.chinafph.com
（010）63286832，63365686（传真）
读者服务部 （010）66070833，62568380
邮编 100071
经销 新华书店
印刷 保利达印务有限公司
尺寸 185毫米×260毫米
印张 10.25
字数 157千
版次 2019年12月第1版
印次 2019年12月第1次印刷
定价 49.00元
ISBN 978-7-5220-0367-2

卷首语

新起点　新征程

我国票据市场发展至今已40年，经过40年的探索与实践，票据市场已成为我国金融市场体系里重要的子市场，在服务实体经济，特别是拓宽中小企业融资渠道，解决融资难、融资贵等问题方面发挥了重要作用。2018年，全国票据承兑18.27万亿元，是同期公司信用类债券发行量的2.5倍；年末未到期票据余额9.4万亿元，是同期公司信用类债券市场余额的46%。签发票据的企业中，中小企业占比约三分之二。

票据市场的早期发展是自发形成的，虽然较好地发挥了市场的创新能力，但缺乏统一的组织管理和顶层设计，一定程度上导致票据市场透明度低、交易成本高、效率低，潜藏风险。2016年12月，经国务院决策部署和人民银行批准，上海票据交易所开业运营，逐步形成了全国统一和电子化的票据市场，票据市场的安全性、透明度和交易效率大幅度提高，票据市场活力有效激发，票据业务风险得到有效防范，服务实体经济的能力进一步增强。在业务发展的同时，票交所更加注重凝聚市场力量，加强对票据市场的理论研究，于2017年12月与上海财经大学一起牵头，联合中国工商银行、中国农业银行、招商银行、上海浦东发展银行、兴业银行、中国民生银行共同发起成立中国票据研究中心，致力于提高票据研究的前瞻性、专业性、理论性，以研究促发展，推动中国票据市场改革发展。

两年来，研究中心本着“优势互补、资源共享、互惠共赢”的原则，加强市场各参与方的沟通交流，通过举办征文活动、公开进行研究课题招标、出版书籍等方式，在构建票据市场发展的学术高地和研究成果转化方面取得初步成效。但是，社会上也有一些对票据片面理解的声音。为了加强票据市场舆论宣传，研究中心将会建设一个供市场参与者交流研究成果的平台，正本溯源，凝聚市场共识。《中国票据市场研究》正是在这样的背景下创设的。

《中国票据市场研究》致力于搭建权威、专业和开放的票据市场理论研究平台，集中宣传票据市场的新形势、新动态和新成果。首先，将会定期发布票据市场最新的运行报告，披露票据市场运行数据，为市场参与者业务决策提供参考；其次，将会定期出版票据市场优秀研究文献，通过为广大票据市场参与者提供一个发布研究成果的平台，凝聚市场参与者的集体智慧；最后，持续关注国际金融市场发展的新动态，通过借鉴国外市场的经验，为票据市场发展提供参考。

“好风凭借力”，新生的《中国票据市场研究》将在更大范围、更高水平、更深层次全面推进票据市场的改革创新和规范发展。《中国票据市场研究》将每季出版一辑，敬请关注。

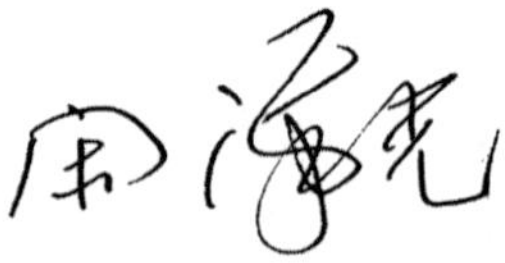

中国票据研究中心理事长，上海票据交易所党委书记、董事长

目　录

特　稿

市场运行

市场研究

国际经验

票据市场运行数据

特　　稿

建设高效安全的票据市场

宋汉光[①]

新中国成立后的最初三十年时间，我国实行计划经济，对产品实行统购统销，对财政实行统收统支，对金融实行统存统贷，对商业信用进行清理和控制。在这一背景下，我国的票据仅限于支票，且支票仅用于单位进行结算使用，个人不得使用。1978年12月党的十一届三中全会以后，随着我国社会主义市场经济体制改革拉开序幕，商业信用和银行信用逐步发展，作为信用流通手段的票据开始出现，其功能日益丰富，市场参与者不断扩容，票据市场成为我国金融市场的重要组成部分。

一、建立全国统一的票据市场基础设施

20世纪八九十年代，票据主要发挥支付结算功能，用于解决企业间商品赊销和信用挂账所导致的“三角债”问题。1995年，我国颁布《票据法》，为票据业务规范开展提供了法律依据。进入21世纪以后，一些金融机构开始成立票据专营部门，专业化、规模化经营票据业务。2009年，人民银行建成电子商业汇票系统（ECDS），为企业提供了电子票据这一更加安全便捷的选择。近年

① 作者简介：宋汉光，男，中国票据研究中心理事长，上海票据交易所党委书记、董事长。

来，票据的交易和投资功能日益显现，票据成为金融机构重要的流动性管理手段和资产配置类别。但与此同时，票据市场发展过程中也逐步暴露出一些不协调、不适应的问题，导致2016年前后票据市场出现了一些风险事件，影响了市场功能的正常发挥。

面对票据市场的发展瓶颈，人民银行以建设票据市场基础设施为抓手，重塑票据市场秩序，革新票据市场制度体系。经过半年左右的积极筹建，2016年12月8日，全国统一的票据市场基础设施——上海票据交易所（以下简称票交所）正式开业运营，标志着全国统一、信息透明、以电子化方式进行业务处理的现代票据市场框架初步建立，票据市场从此翻开新的篇章。作为前中后台、自律一体化的金融市场重要基础设施，票交所具备票据交易、登记托管、清算结算、信息服务等功能，同时承担中央银行货币政策再贴现操作等政策职能。

成立两年多来，票交所紧紧围绕防控票据市场风险、促进票据行业规范发展、服务实体经济的初心和目标，积极推进制度建设和系统建设，取得了一系列工作进展。

一是持续完善系统建设和制度建设，有效防控市场风险。票交所按照“集中登记、独立托管、场外交易、票款对付”的业务逻辑，发布多项业务规则，建设中国票据交易系统，实现了票据“信用主体唯一化、交易主体多元化、交易标的标准化、票款结算同步化、合同文本统一化、票据托收无纸化”，建立起电子化的票据业务处理模式。

二是稳步推进纸质票据和电子票据融合，构建全国统一的票据市场。2017年10月，票交所将电子商业汇票系统纳入统一管理。2018年10月，票交所完成纸电票据交易融合。纸质票据和电子票据自此采用相同业务规则和交易平台进行交易，我国票据市场形成了有机统一的整体。

三是实现再贴现操作电子化，为货币政策提供安全高效的操作平台。2017年9月，票交所建成电子化再贴现业务系统，为全国人民银行分支机构开展再贴现货币政策操作提供电子化平台。此举提升了再贴现操作的办理效率，有效促进了货币政策的高效实施和精确传导。

四是推出票据市场收益率曲线，为市场参与者提供定价参考。2018年12月，票交所发布首条票据收益率曲线——以国有商业银行和股份制商业银行为信用主体的电子银行承兑汇票转贴现收益率曲线。票据收益率曲线的推出为市场参与者提供了公平透明的交易价格参考与行之有效的风险管理工具。

五是推出“票付通”创新产品，提升票据在供应链中的支付功能。票交所于2019年1月推出“票付通”创新产品，该产品主要应用于B2B电商和供应链平台，类似企业间账期支付的支付宝，通过将票据支付嵌入供应链平台，使票据支付从线下转移到线上，提高了票据支付效率。

六是推出“贴现通”创新产品，缓解中小企业融资难、融资贵问题。票交所于2019年5月推出“贴现通”创新产品，该产品为企业提供贴现自主询价、系统撮合交易、线上清算交割的电子化业务平台，为票据贴现市场赋予开放、平等、互动等互联网特性，有效打通了贴现服务的“最后一公里”。

七是推出标准化票据。为加大对中小金融机构流动性支持，经中国人民银行同意，票交所于2019年8月创设首期标准化票据。标准化票据是指由存托机构归集承兑人等核心信用要素相似、期限相近的票据，组建基础资产池，进行现金流重组后，以入池票据的兑付现金流为偿付支持而创设的面向银行间市场的等分化、可交易的受益凭证。存托机构由票交所担任，首期标准化票据在票据市场交易流通。

二、票据市场迈入新时代

经过两年多的持续建设，我国票据市场从过去纸票为主、区域分割、信息不透明的传统模式，逐步向集中统一、安全高效、电子化的现代金融市场模式转型，票据市场整体环境得到了显著的改善。

一是票据业务电子化水平显著提升。票交所将载体、格式不统一的纸质票据转化为系统中标准化的电子化记账票据，推进电子票据集中管理和交易融合，促进电子票据签发量不断攀升。2019年上半年，在全国承兑业务、贴现业务、转贴现交易、回购交易和再贴现中，电子票据的占比分别达到97.54%、99.29%、99.8%、99.1%和99.92%，表明我国票据市场已经全面进入电子化时代。

二是集中统一的票据市场正式形成。长期以来，我国票据市场缺少统一的交易、登记、托管平台，造成实质上的市场分割，不利于资源配置和价格发现。票交所成立后，通过建设全国统一的票据交易平台，制定统一的交易、托管、清算、结算规则，实现纸质票据和电子票据的同场交易，从而形成了全国统一的票据电子化集中交易市场。

三是票据市场风险得到有效防控。票据市场全新的电子化业务处理模式消除信息不对称和地域限制，有效提升了市场透明度。票据市场数据信息在票交所集中，通过加强对全市场数据的监测，可以有效抑制票据业务中的不规范行为。票据市场的整体环境得到了有效改善，风险案件呈现大幅下降的趋势。

四是票据的货币市场工具功能得到强化。随着统一市场的形成，票据交易的便捷性明显提高，票据市场在服务市场参与者流动性调节、短期投融资等需求上发挥了更加重要的作用。票交所成立以来，票据转贴现利率与Shibor、同业存单发行利率保持同步，票据质押式回购利率与银行间质押式回购利率、同业拆借利率的相关系数均超过0.85。票据的货币市场工具功能得到强化，更好地服务于宏观调控和货币政策，维护金融稳定和安全。

五是票据市场服务实体经济能力加强。电子化交易平台缩减了票据交易中间环节，提高了交易效率，缩短了企业融资链条，金融机构在新的市场模式下可以为企业提供更加高效便捷的票据服务。票据市场服务实体经济尤其是服务中小微企业的作用得到强化，并在服务“一带一路”建设、长三角一体化发展等国家战略方面发挥更重要的作用。

2019年上半年，商业汇票承兑发生额10.02万亿元，同比增长18.73%；贴现发生额6.32万亿元，同比增长47.53%；票据交易发生额27.21万亿元，同比增长27.9%。再贴现累计办理5511.61亿元，再贴现资金投向中小微企业占比超过60%，投向民营企业占比超过70%。截至2019年6月末，票据出票人为中小微企业的票据占全部承兑余额的70.39%；贴现申请人为中小微企业的票据占全部贴现余额的82.85%；小微企业票据贴现平均利率为3.7%，显著低于普惠性小微企业贷款6.89%的水平。

三、票据市场助推实体经济高质量发展

当前，中国经济正从高速增长向高质量发展迈进，迫切需要一个高质量的金融市场环境。票交所将牢记服务实体经济、防范金融风险、深化金融改革的使命，全面提高票据市场为实体经济服务的效率和水平。

一是进一步加强制度建设。按照市场化发展原则，根据票据功能拓展的客观规律，在防控风险的前提下，通过制度创新完善票据的支付和融资功能；修订电票管理办法，统一纸电票据业务规则；引入多元化市场参与者，促进非银金融机构和资管产品参与票据交易。中长期内，推进修订完善《票据法》，明确电子票据的法律地位，为票据产品和服务创新以及商业信用的培育营造有利的法制环境。

二是进一步完善市场基础设施建设。基于优化业务功能、提升业务处理性能、统一系统运行管理、兼顾系统扩展性原则，推进新一代票据业务核心系统建设，实现纸电票据全流程一体化处理；完善中国票据交易系统功能，优化交易客户端各项功能，提升系统易用性和用户体验；优化交易流程，加强再贴现系统建设，进一步支持票据市场发展。

三是进一步强化市场风险防范。面对新形势下票据市场出现的市场风险、信用风险、操作风险和流动性风险，票交所将推进建立票据市场风险监测与预警体系，完善预防性机制；建设票据市场信用体系，促进商业信用发展；加强

信息统计，为市场参与者和管理部门提供更加全面准确的市场信息；开展票据衍生品研究，为市场参与者提供市场化的风险管理工具。

四是进一步推进票据业务规范创新。票交所将以服务实体经济为出发点和落脚点，推进票据市场规范创新发展。推动应收账款票据化，激发核心企业签发票据的积极性，提高供应链上资金周转效率，缓解供应链“长尾”端小微企业融资难、融资贵矛盾；积极探索票据拆分的可行性和实现路径，便利企业支付和融资需求；推广“票付通”“贴现通”、标准化票据等创新产品，加大服务实体经济力度。

（本文发表于《中国金融》2019年第19期）

市场运行

2019年上半年
票据市场运行情况

上海票据交易所

一、总体业务情况

2019年上半年，票据业务总发生额65.8万亿元，同比增长28.78%，在支付功能方面，承兑发生额10.02万亿元，同比增长18.72%，企业背书金额22.25万亿元，同比增长30.14%；融资功能方面，贴现发生额6.32万亿元，同比增长47.53%，转贴现及回购发生额27.21万亿元，同比增长27.9%。

二、承兑业务稳步增长

2019年上半年，商业汇票承兑发生额10.02万亿元，同比增加1.58万亿元，增长18.73%；6月末，承兑未到期金额为12.31万亿元，较年初增加1.27万亿元，增长11.5%。其中，电票承兑发生额9.77万亿元，纸票2463.42亿元；银票8.61万亿元，商票1.41万亿元。

分机构类型看，股份制商业银行承兑占比较高。2019年上半年，股份制商业银行承兑3.7万亿元，占比42.96%；城市商业银行2.4万亿元，占比27.88%；大型商业银行1.42万亿元，占比16.47%；农村金融机构5784.34亿元，占比6.72%。

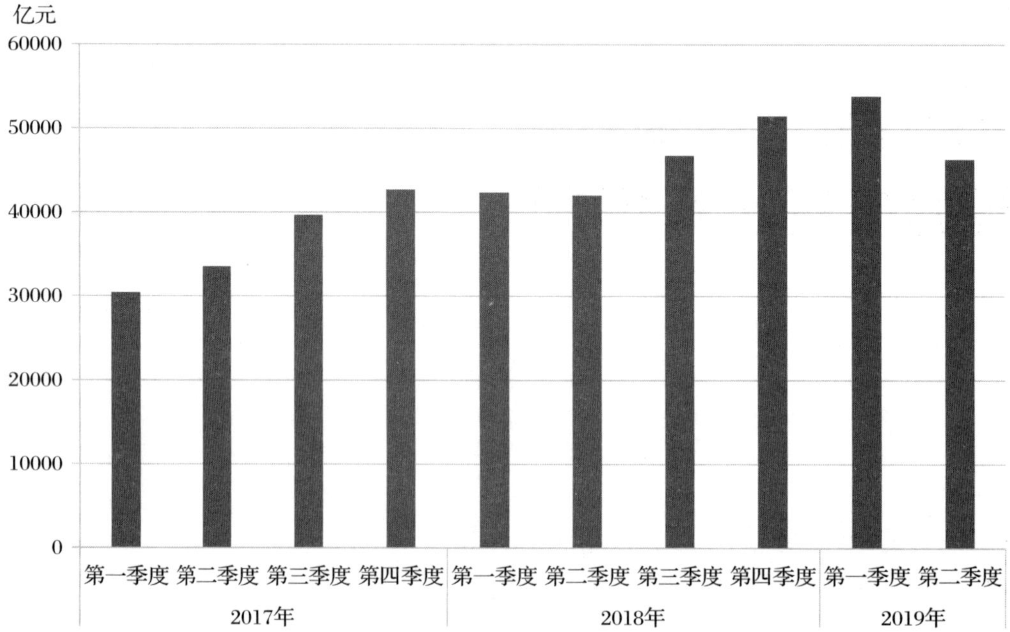

图1 2017年至2019年上半年票据承兑发生额

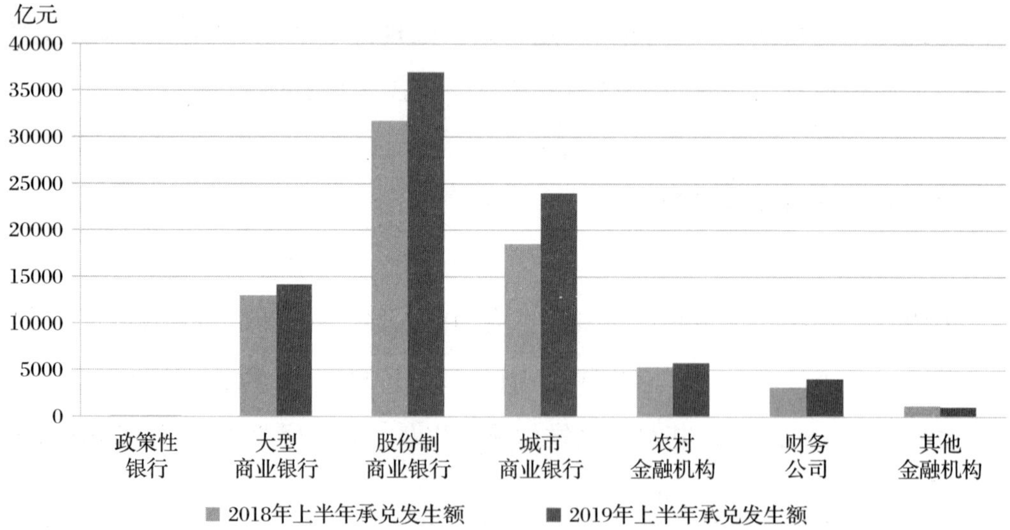

图2 2018年上半年、2019年上半年各机构类型票据承兑发生额

从行业结构看，出票企业主要集中在批发和零售业、制造业。2019年上半年，出票人为批发和零售企业的票据承兑量为3.88万亿元，占比38.69%；出票人为制造企业的承兑量为3.2万亿元，占比31.91%。

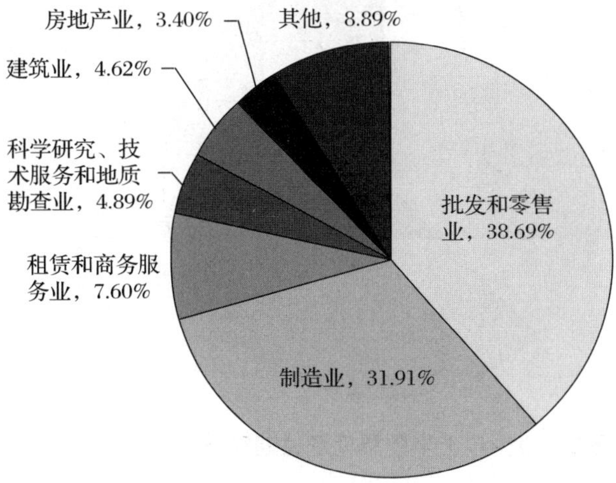

图3　2019年上半年各行业企业出票量占比

从企业规模看，出票人为中小微企业的票据占比达到68%，与上年同期基本持平。其中，小微企业占比为42%，比上年同期提高3个百分点。

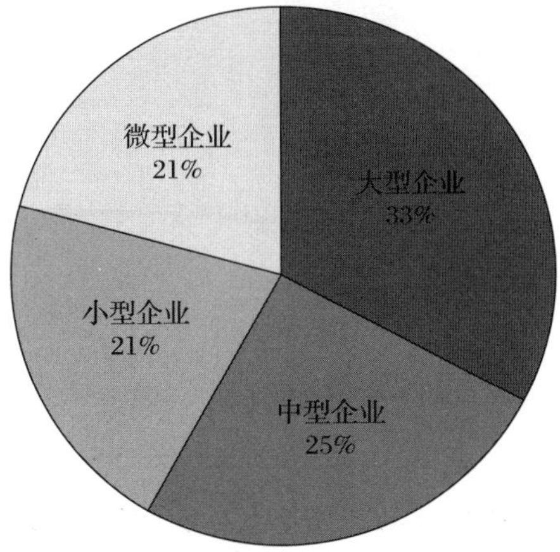

图4　2019年上半年各规模企业出票量占比

从期限结构看，签发的主要是6个月以上的票据，其中签发期限在6~9个月的金额为4.05万亿元，占比40.41%；9~12个月的金额为3.78万亿元，占比37.74%。

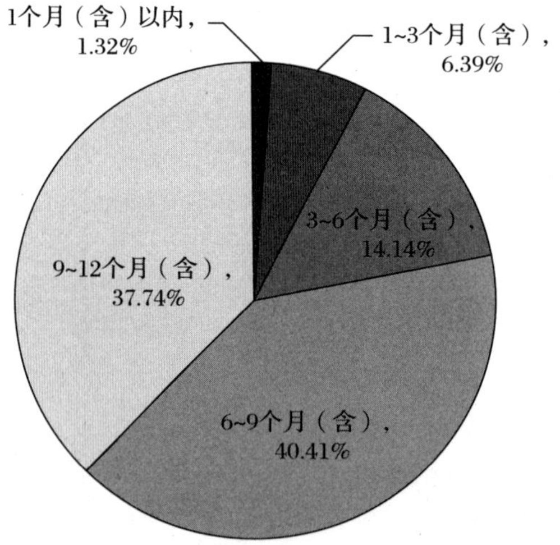

图5 2019年上半年票据承兑期限结构

从票面金额看，2019年上半年，签发票据的平均面额为92.38万元，同比增长9.34%。

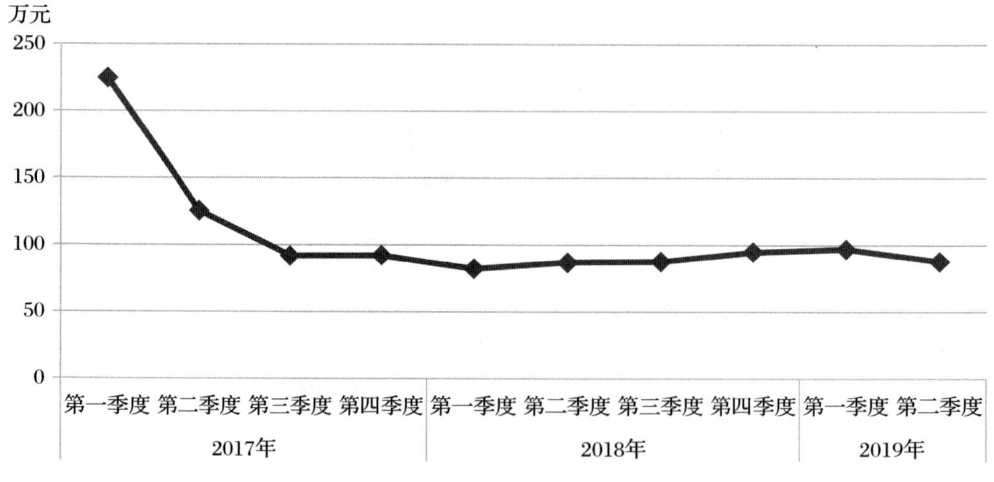

图6 2017年至2019年上半年承兑平均面额

三、背书业务快速增长

2019年上半年，电子商业汇票背书金额22.25万亿元，同比增加5.15万亿元，增长30.14%，其中银票背书金额21.37万亿元，商票8777.82亿元。

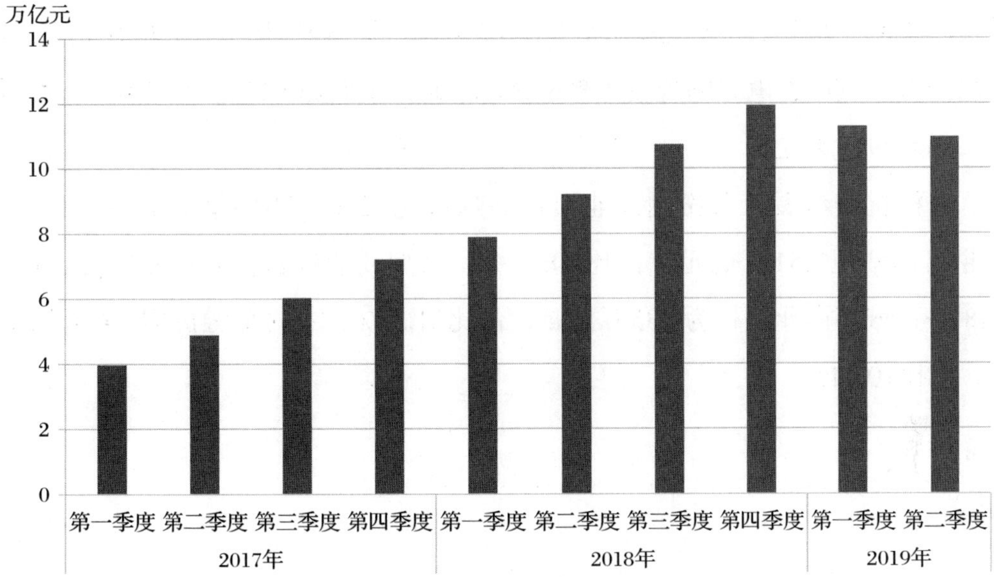

图7 2017年至2019年上半年背书金额

四、贴现业务增长较快

2019年上半年，商业汇票贴现发生额6.32万亿元，同比增加2.04万亿元，

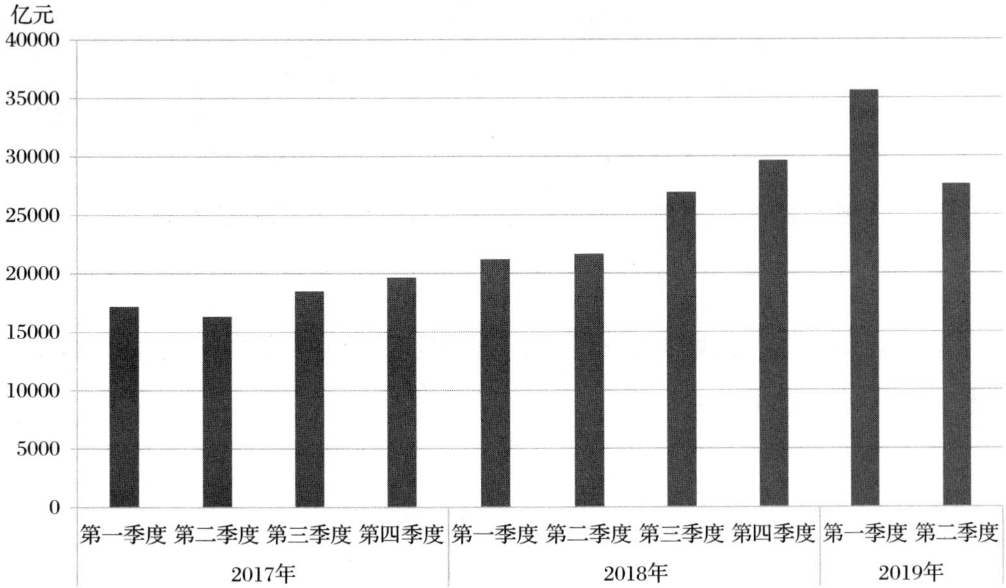

图8 2017年至2019年上半年票据贴现发生额

增长47.53%；6月末，贴现未到期金额8.05万亿元，较年初增加1.46万亿元，增长22.15%。其中，电票贴现发生额6.28万亿元，纸票450.42亿元；银票5.82万亿元，商票4999.46亿元。

分机构类型看，股份制商业银行贴现占比较高。2019年上半年，股份制商业银行贴现2.51万亿元，占比39.73%；大型商业银行为1.51万亿元，占比23.87%；城市商业银行为1.35万亿元，占比21.38%；农村金融机构为6605.22亿元，占比10.44%。

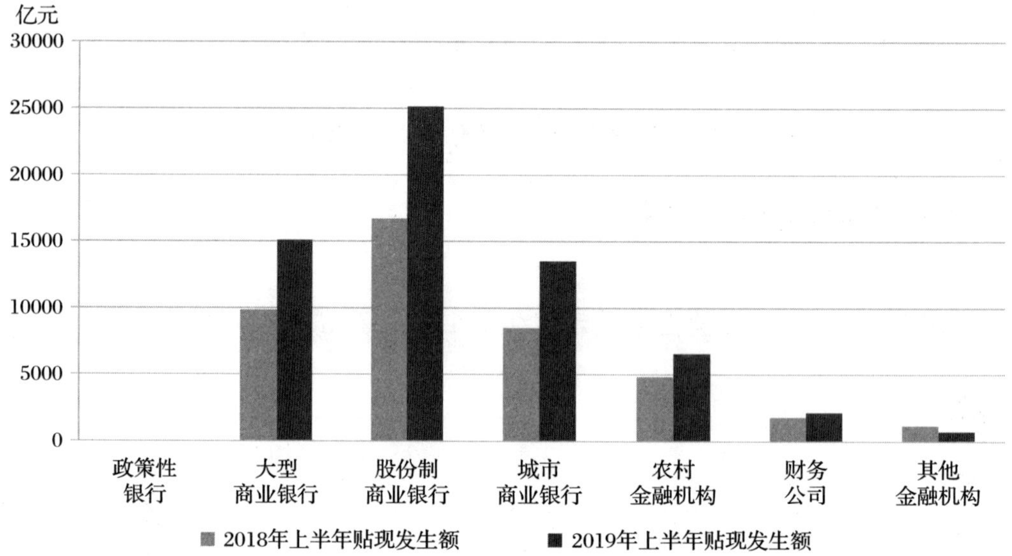

图9 2018年上半年、2019年上半年各机构类型票据贴现发生额

从行业结构看，贴现申请人所在行业为批发和零售业的占比达到44%，为制造业的占比达到25.89%。

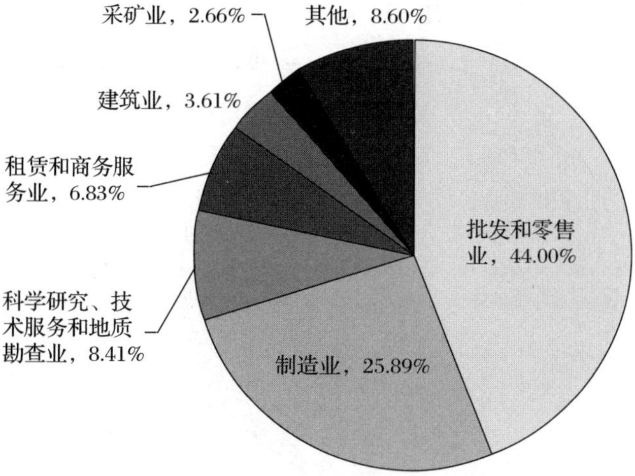

图10　2019年上半年各行业企业申请贴现量占比

从企业规模看，申请人为中小微企业的贴现业务量为4.97万亿元，占比达到79%；中小微企业平均贴现利率为3.69%，比上年同期下降166个基点，明显低于一年期贷款基准利率4.35%。

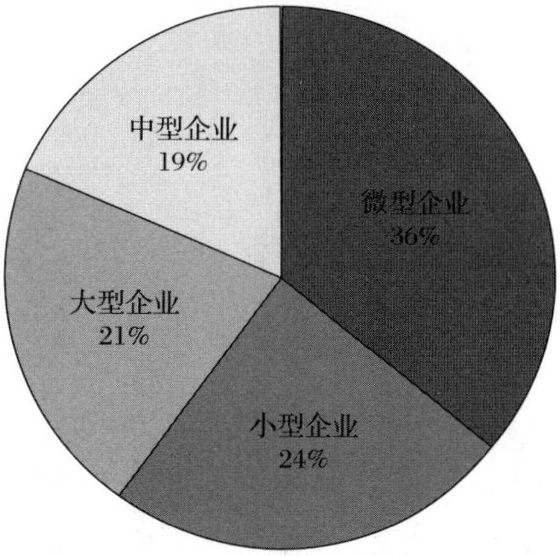

图11　2019年上半年各规模企业申请贴现量占比

从贴现票据的期限结构看，主要集中在3～6个月和9～12个月，二者占比分别为30.63%和48.5%。

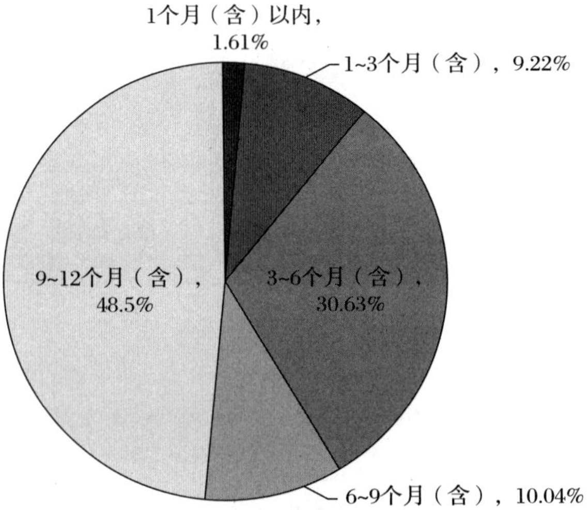

图12 2019年上半年票据贴现期限结构

五、交易量有所回升

2019年上半年，票据交易量27.21万亿元，同比增加5.94万亿元，增长

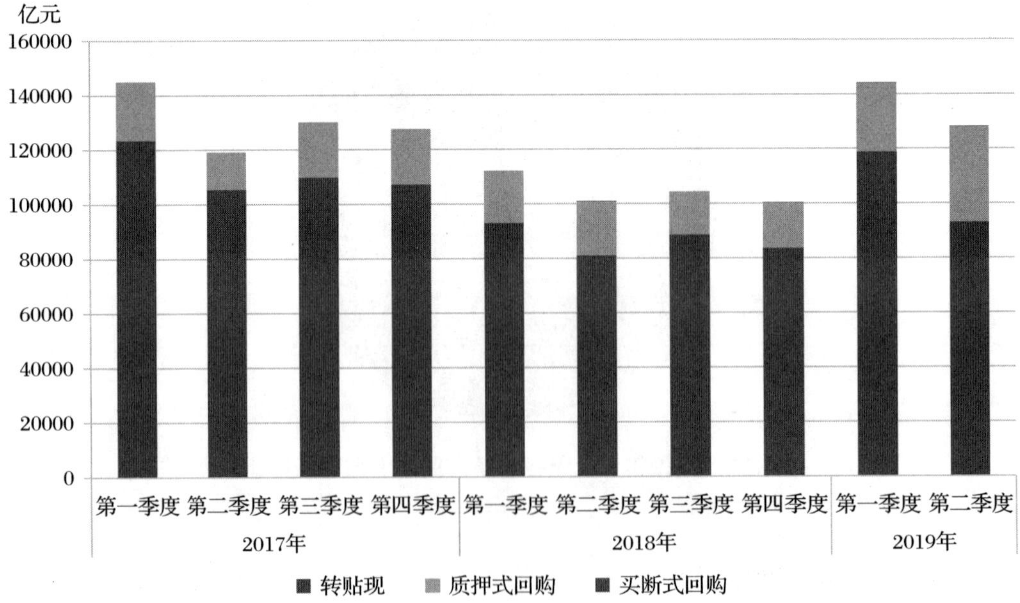

图13 2017年至2019年上半年票据交易发生额

27.9%。分交易类型看，转贴现21.19万亿元，同比增加3.78万亿元，增长21.79%；质押式回购5.99万亿元，同比增加2.11万亿元，增长54.48%；买断式回购336.36亿元。其中，电票交易27.15万亿元，纸票交易626.13亿元；银票交易25.56万亿元，商票交易1.66万亿元。

分机构类型看，股份制商业银行票据交易的市场占比较高。2019年上半年，股份制商业银行交易金额21.39万亿元[①]，占比39.3%；城市商业银行交易金额13.87万亿元，占比25.48%；大型商业银行交易金额10.65万亿元，占比19.57%；农村金融机构交易金额5.13万亿元，占比9.43%；其他金融机构交易金额3.17万亿元[②]，占比5.83%。

从增量看，大型商业银行交易量增加较多。和上年同期比，大型商业银行增加3.83万亿元，增长56.16%；股份制商业银行增加5645.95亿元，增长

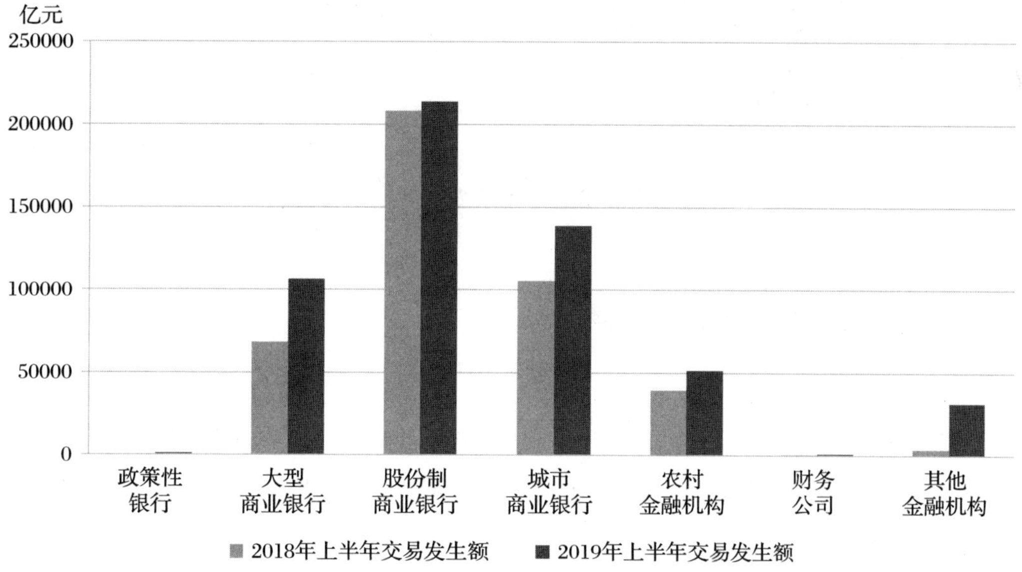

图14　2018年上半年、2019年上半年各机构类型票据交易发生额

① 涉及机构的交易数据均包括买入和卖出双边统计，下同。
② 其他金融机构包括民营银行、外资银行、非银机构等。

2.71%；城市商业银行增加3.33万亿元，增长31.59%；农村金融机构增加1.19万亿元，增长30.20%。

转贴现票据的期限分布较为均匀，3个月以内、3~6个月、6~9个月和9~12个月的转贴现占比分别为21.46%、25.7%、17.6%和35.22%。质押式回购业务主要集中在隔夜和7天期回购业务，二者占比分别为40.41%和31.68%。

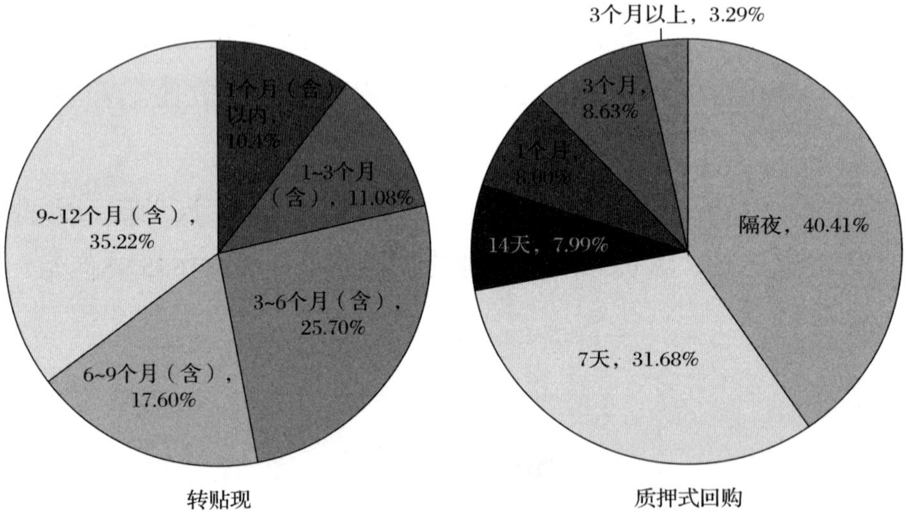

图15 2019年上半年票据交易期限结构

六、票据利率总体有所下降

2019年上半年，票据贴现加权平均利率为3.64%，同比下降166个基点；转贴现加权平均利率为3.48%，同比下降137个基点；质押式回购加权平均利率为2.52%，同比下降103个基点。

票据利率与其他货币市场利率走势保持较高趋同性。7天期票据质押式回购利率与7天期银行间质押式回购利率走势基本保持同步，二者相关系数为0.82。上半年，1年期国股票据转贴现利率整体高于AAA+同业存单利率，平均利差为25个基点，二者走势总体保持一致，仅在月末、季末等特殊时点票据转贴现利率出现一定波动。

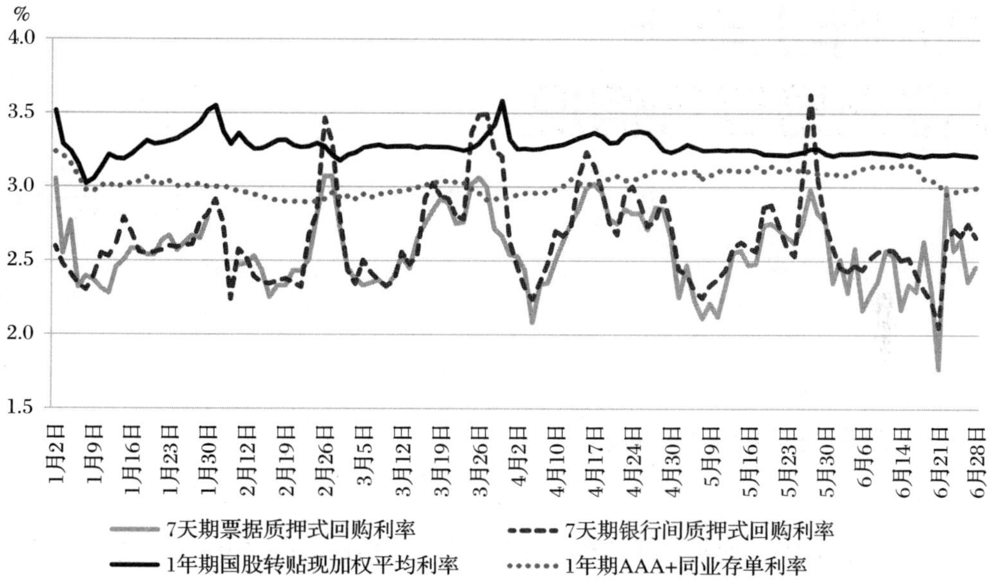

数据来源：上海票据交易所、中国货币网。

图16 2019年上半年关键期限票据利率和其他货币市场利率走势

2019年上半年
票据交易运行情况

上海票据交易所

一、票据交易量平稳增长

2019年上半年，票据交易量27.21万亿元，同比上升27.9%，为2017年以来半年交易量最高值。从每月交易量变化情况来看，1月交易量达5.89万亿元，自

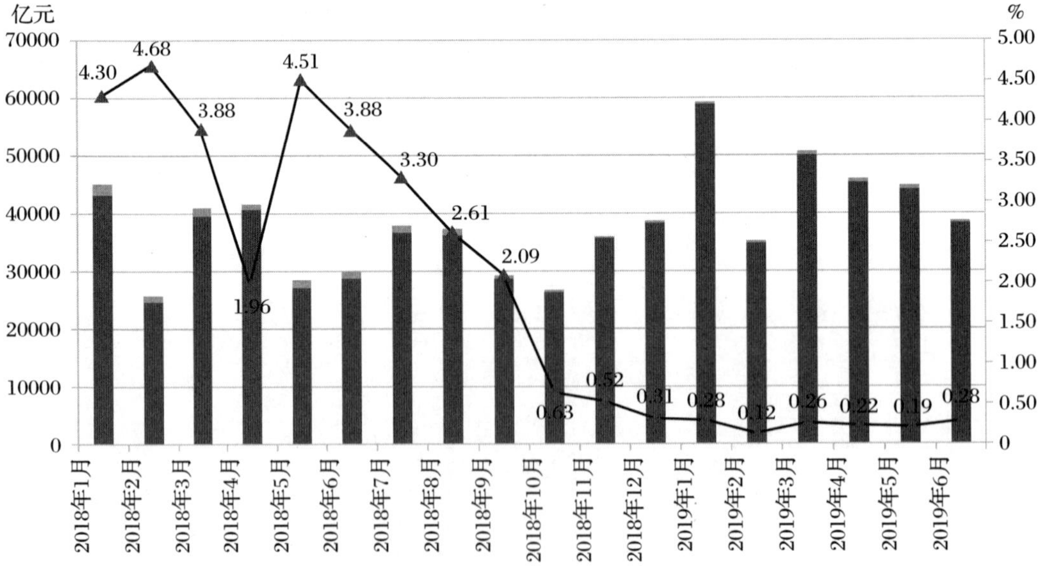

图1　2018年1月至2019年6月票据交易情况

2017年以来单月交易量排名第二，仅低于2017年3月，当月交易量6.01万亿元；2月仅有17个交易日，受春节因素影响，交易量3.49万亿元，环比大幅下降，降幅达40.73%；3月票据市场回暖，交易量5.03万亿元，环比上升43.94%；4月起交易量逐月下降，6月交易量下降至3.83万亿元，较3月下降23.84%，较1月下降35.02%。从票据介质来看，电票交易量27.15万亿元，占比99.77%；纸票交易量626.13亿元，占比0.23%，纸票交易量连续6个月不足0.3%。

二、转贴现仍是最主要的交易品种，质押式回购在交易总量中占比有所提高

从票据交易品种来看，转贴现仍是最主要的交易品种。2019年上半年，转贴现交易量21.19万亿元，同比上升21.79%，占交易总量的77.88%，环比下降6.25个百分点；质押式回购交易量5.99万亿元，同比上升54.48%，占交易总量的22.00%，环比上升6.19个百分点；买断式回购交易量336.36亿元，占交易总

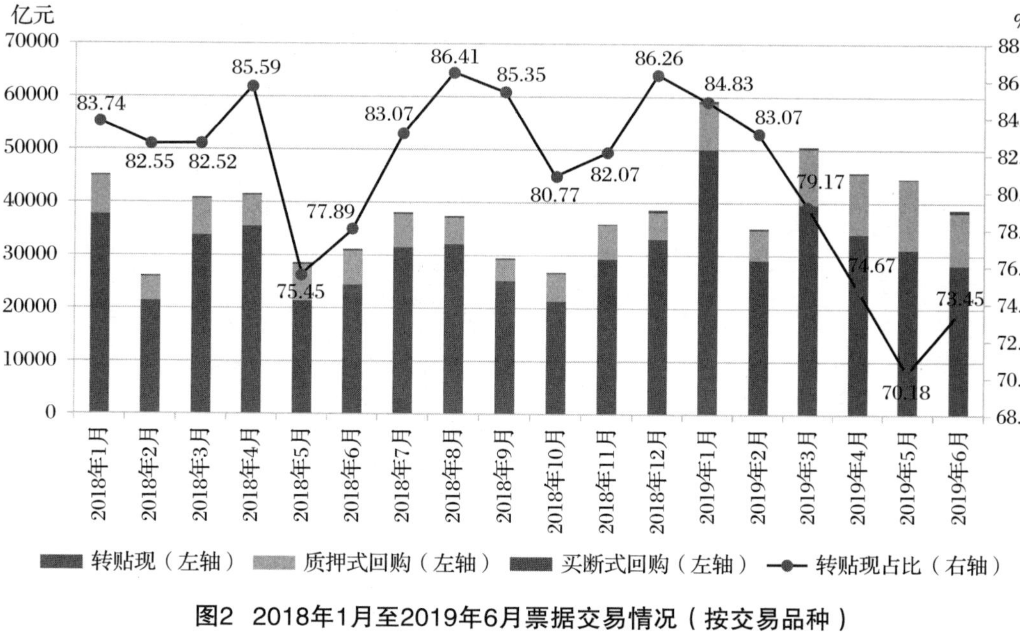

图2 2018年1月至2019年6月票据交易情况（按交易品种）

量的0.12%，环比上升0.07个百分点。

结合每日交易量变化趋势来看，单日交易量变化较为平稳，在春节、月末、季末等特殊时点波动明显。2019年上半年单日交易量最高值出现在3月28日，受季末因素影响，当日交易量达4102.26亿元，创2017年以来单日交易量新高；受春节和月末因素影响，2019年上半年共有两个交易日交易量低于1000亿元，分别出现在2月初和5月末。从日均交易量来看，1月交易最为活跃，日均交易量达2677.55亿元；6月交易活跃度最低，日均交易量为2014.67亿元。从质押式回购交易占比来看，第二季度质押式回购交易更为活跃，占比达27.12%，其中5月13日单日占比达40.74%，为2019年上半年最高值。

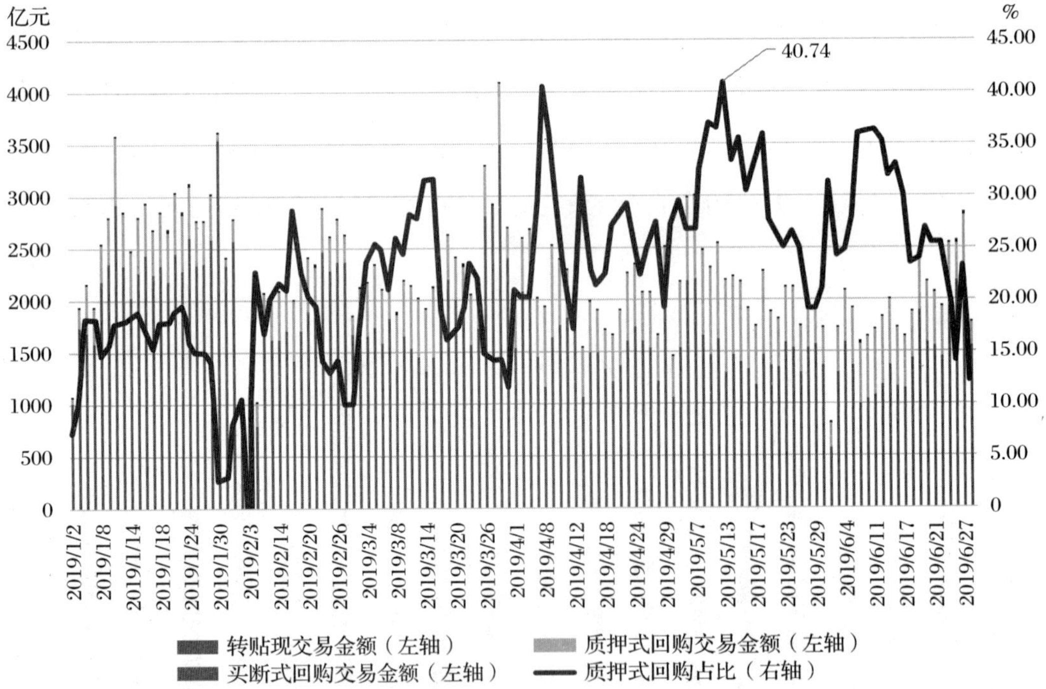

图3 2019年上半年每日票据交易情况（按交易品种）

从票据内外部交易来看，2019年上半年转贴现内部交易量8.93万亿元，占转贴现交易总量的42.12%。其中，第二季度内部交易量占比为44.04%，较第一季度上升了3.42个百分点。

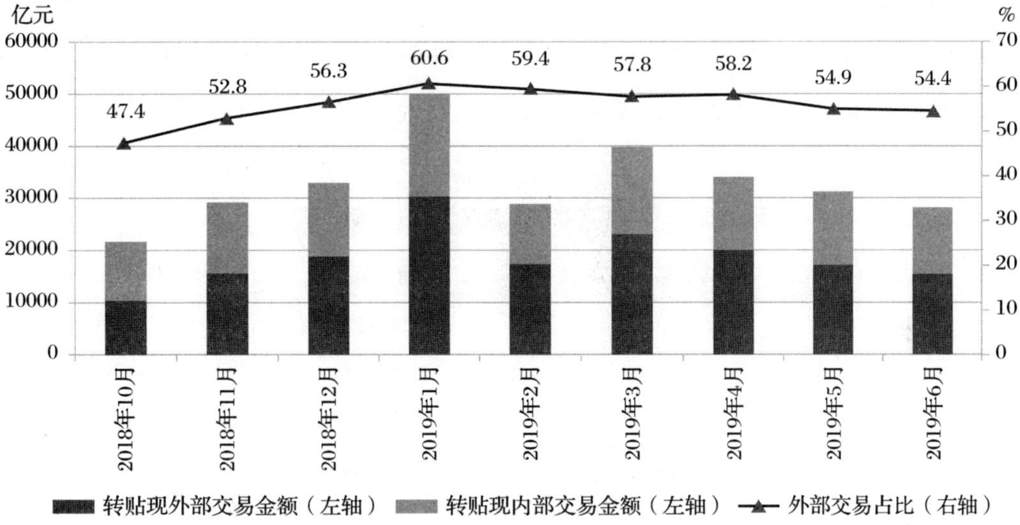

图4　转贴现内外部交易情况（纸电融合后）

从票据类别来看，2019年上半年，银票转贴现交易量19.53万亿元，同比上升22.78%，占转贴现交易量的92.18%；商票转贴现交易量1.66万亿元，同比上

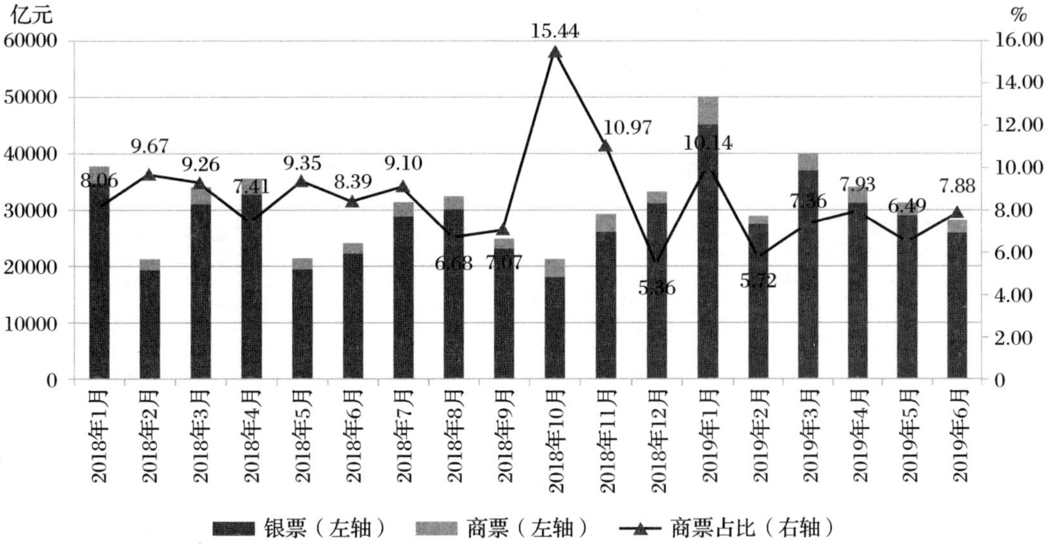

图5　2018年1月至2019年6月票据转贴现交易情况（按票据类别）

升11.25%，占转贴现交易量的7.82%，环比下降0.92个百分点。

从票据交易期限结构来看，2019年上半年转贴现交易期限品种主要集中在半年期（3个月至6个月）和足年期（9个月至1年）票据，6M和1Y转贴现交易量占比分别为24.02%和35.22%，两者合计占比接近六成。

表1　2019年上半年转贴现交易情况（按期限品种）

期限品种	交易笔数（笔）	交易量（亿元）	交易量占比（%）
1M	16938	22060.13	10.41
3M	26905	23439.81	11.06
6M	59536	50903.83	24.02
9M	19714	40868.06	19.28
1Y	52412	74649.15	35.22
合计	175505	211920.98	100.00

质押式回购交易则呈现出明显的短期化特征，且该特征在第二季度表现得更加明显。2019年上半年，隔夜（O/N）与7天（1W）期限质押式回购交易量占比达72.09%，其中，第二季度隔夜与7天期限质押式回购交易占比为77.34%，较第一季度上升了7.25个百分点。

表2　2019年上半年质押式回购交易情况（按期限品种）

期限品种	交易笔数（笔）	交易量（亿元）	交易量占比（%）
O/N	4265	24192.8	40.41
1W	4153	18966.53	31.68
2W	1495	4785.58	7.99
1M	1556	4790.11	8.00
3M	1411	5166.93	8.63
6M及以上	472	1966.2	3.28
合计	13352	59868.15	100.00

三、转贴现利率总体平稳下行，短期利率波动较大；第二季度短期质押式回购利率下行明显，利率走势与银行间债券市场相似

2019年上半年，转贴现利率总体平稳下行，平均转贴现利率约为3.48%。除1月与贴现利率利差较小（约11个基点）外，其他月份保持在17～30个基点

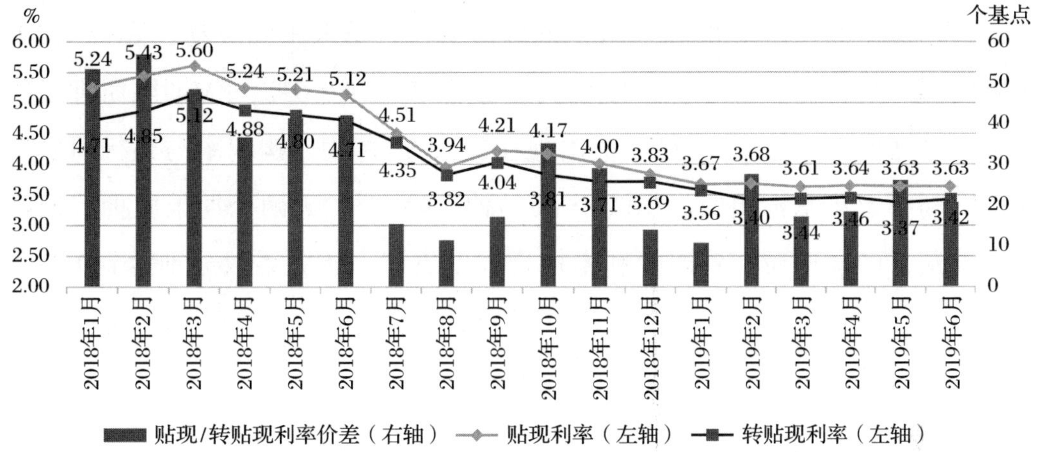

图6　2018年1月至2019年6月电票转贴现、贴现利率走势

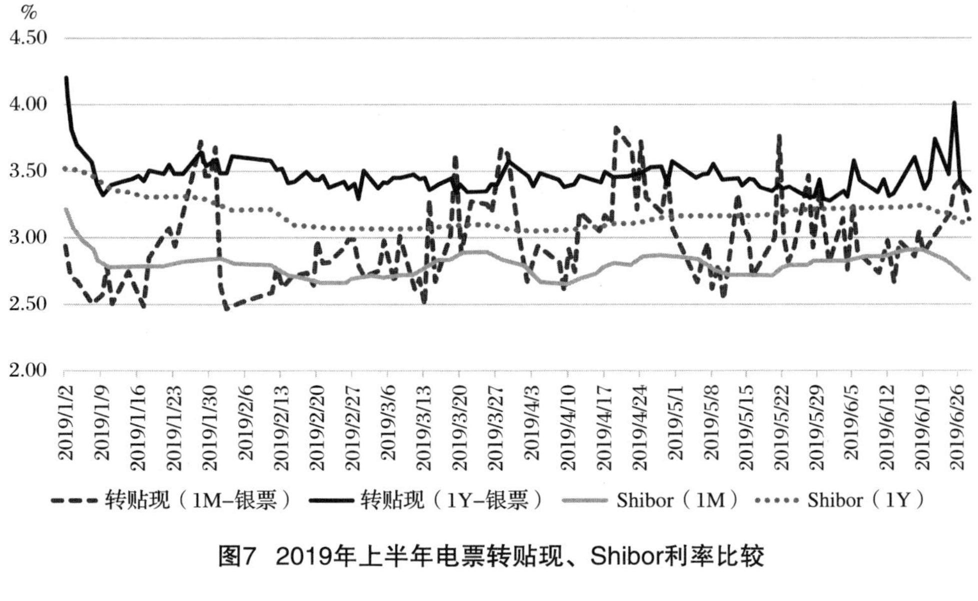

图7　2019年上半年电票转贴现、Shibor利率比较

区间（见图6）。以1M和1Y的银票转贴现利率走势为例（见图7），长期银票转贴现利率于年初快速下行至3.30%后企稳，半年内基本维持在3.30%～3.50%，受半年末因素影响，6月中下旬利率上升，最高达3.99%；与Shibor（1Y）比较，除年初出现短暂倒挂外，利差基本维持在35个基点左右。短期银票转贴现交易利率则波动较大，最高值为3.82%，出现在4月19日，最低值为2.45%，出现在2月2日，利差达137个基点。

2019年上半年，质押式回购利率总体下行，季末小幅波动，隔夜与7天期限质押式回购利率最高值出现在3月，最低值出现在6月，3M期限质押式回购利率最高值出现在4月，最低值出现在2月；质押式回购利率与银行间质押式回购利率走势基本相似，相较于3M品种，隔夜与7天两个期限质押式回购利率与银行间同期质押式回购利率拟合程度更好，相关系数分别达到0.77和0.82。

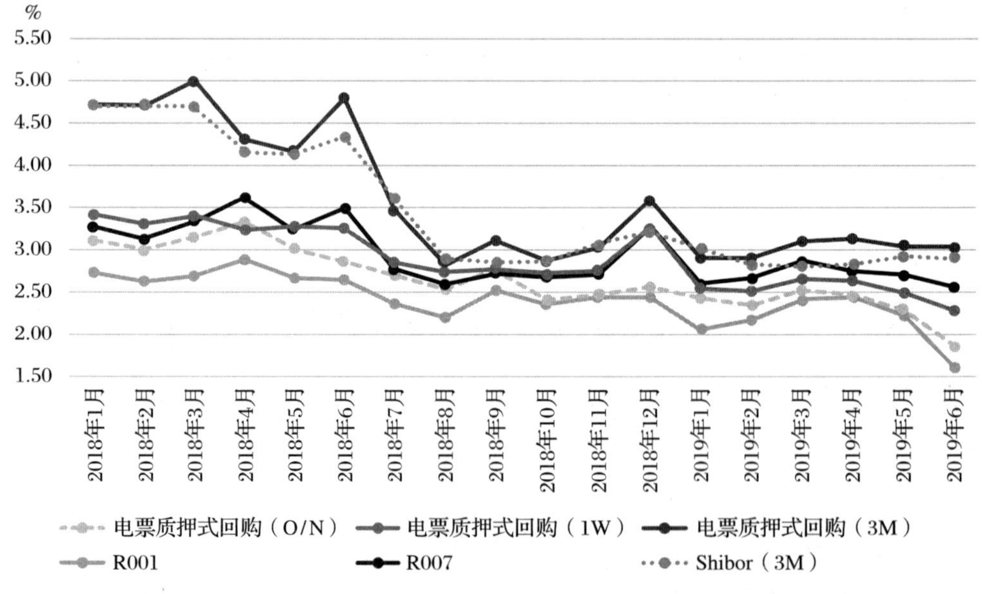

图8　2018年1月至2019年6月电票质押式回购交易利率走势（按期限品种）

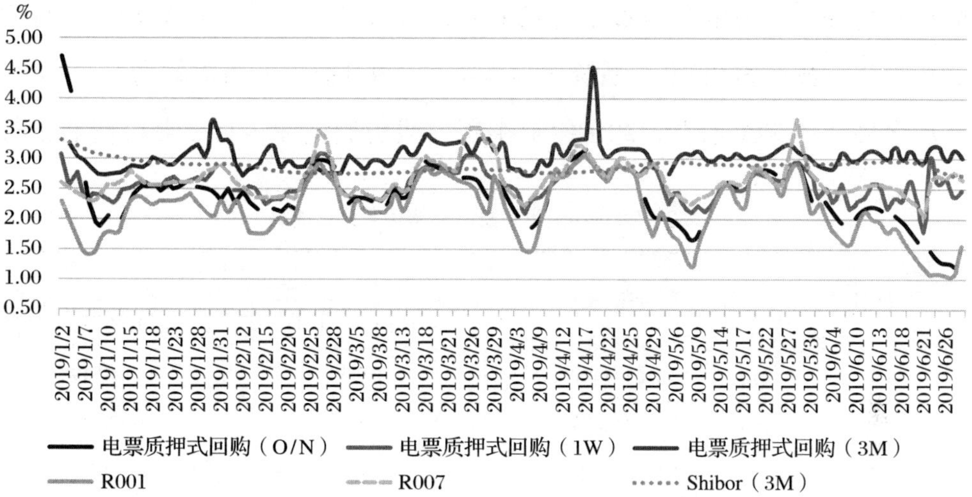

图9 2019年上半年质押式回购交易利率走势（按期限品种）

四、参与交易的会员和系统参与者数量稳步增加，非法人产品交易活跃

截至2019年6月底，累计通过中国票据交易系统（以下简称交易系统）开展交易的会员数量为1728家，系统参与者数量为6938家。其中，2019年6月通

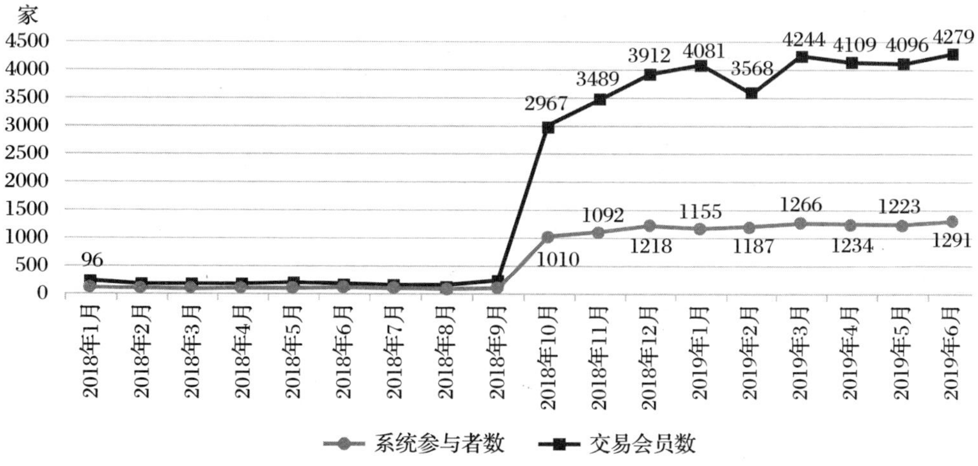

图10 2018年1月至2019年6月每月交易会员数与系统参与者数

过交易系统开展交易的会员数量达1291家，系统参与者数量达4279家，日均开展交易的会员数量为320家，系统参与者数量为911家，创历史新高。

从交易主体类型来看，2019年上半年，股份制商业银行、城市商业银行和

表3 2019年上半年交易主体类型分布情况

排名	机构类型	分布比例（%）	
		2019年上半年	2018年下半年
1	股份制商业银行	39.30	40.59
2	城市商业银行	25.48	26.32
3	国有商业银行	19.57	20.63
4	农村金融机构	9.43	10.09
5	其他金融机构①	5.83	2.08
6	政策性银行	0.20	0.15
7	财务公司	0.19	0.13

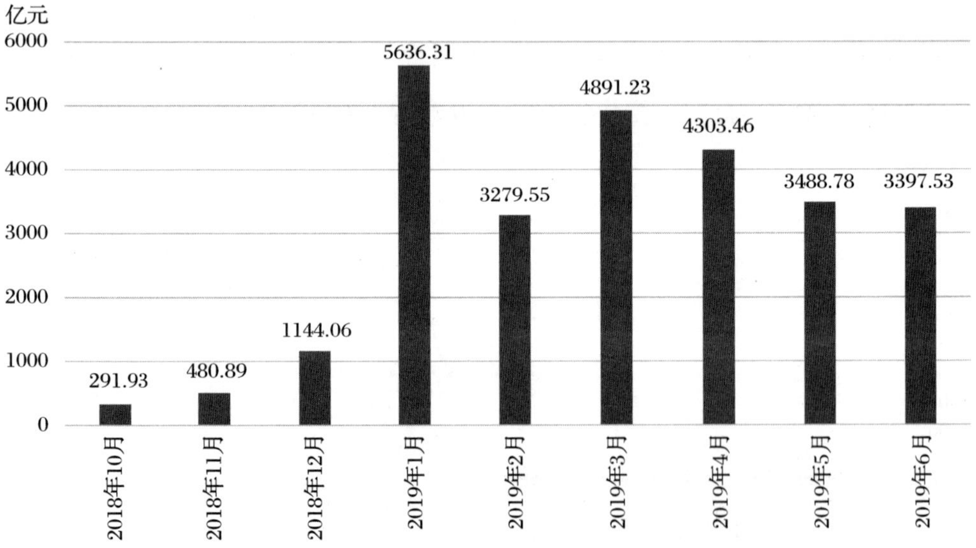

图11 纸电票据交易融合后非法人产品交易情况

① 其他金融机构包括民营银行、外资银行、非银行金融机构及非法人产品主体等。

国有商业银行仍为最主要的市场参与主体，参与的交易占市场总交易量的八成以上；从交易量占比变化情况来看，非法人产品交易活跃度进一步提升，交易量占比超过5%，股份制商业银行、城市商业银行、国有商业银行和农村金融机构交易量占比均有所下降。

2019年上半年
票据托管运行情况

上海票据交易所

一、票据托管运行情况

（一）票据托管量持续增长，平均票面金额进一步下降

上半年，共有10392家系统参与者完成票据权属初始登记3299259张，同比增长73.37%；金额64410.27亿元，同比增长50.01%。托管票据到期结清2790916张，同比增长76.69%；金额48101.93 亿元，同比增长21.84%。

6月末，共有10450家票交所系统参与者托管票据2684922张，同比增长83.83%，较上季度末增长5.99%；托管余额81222.56亿元，同比增长55.39%，较上季度末增长3.28%；平均票面金额302.50万元，同比下降15.50%，较上季度末小幅下降2.42%。

从托管票据种类和介质看，银行承兑汇票和电子票据占绝对比重，且占比有所上升。6月末，银行承兑汇票张数占比95.53%，同比增长1.13个百分点；金额占比91.66%，同比增长2.09个百分点；平均票面金额290万元，同比下降14.45%；电子票据张数占比97.11%，同比增长7.34个百分点；金额占比99.59%，同比增长0.91个百分点；平均票面金额310万元，同比下降21.12%。

表1　上半年票据托管发生额情况（按种类和介质）

票据类别	张数（张）	张数占比（%）	金额（亿元）	金额占比（%）
银票	3185034	96.54	59329.35	92.11
商票	114225	3.46	5080.92	7.89
电票	3166050	95.96	63959.85	99.30
纸票	133209	4.04	450.42	0.70

表2　上半年票据托管余额情况（按种类和介质）

票据类别	张数（张）	张数占比（%）	金额（亿元）	金额占比（%）
银票	2564993	95.53	74451.38	91.66
商票	119929	4.47	6771.18	8.34
电票	2607400	97.11	80893.54	99.59
纸票	77522	2.89	329.02	0.41

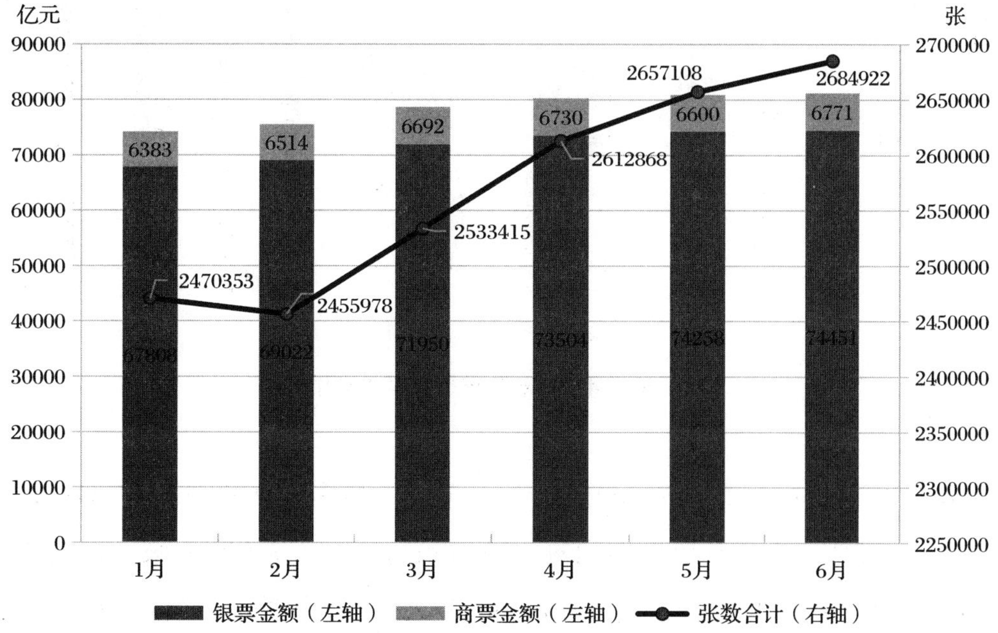

图1　2019年1月至6月托管余额情况

（二）非法人产品持有票据以大面额为主，持有商票市场占比近三成

从持有者类型看，国有商业银行、股份制商业银行、城商行、农商行和农合行、非法人产品托管量居前五，张数与金额合计分别占比89.77%和89.72%。其中，银行承兑汇票持有主体以国有商业银行和股份制商业银行为主；商业承兑汇票持有主体以非法人产品和股份制商业银行居多。

6月末，共有4家非银机构（不含财务公司）和16家非法人产品资管机构有托管余额。相关主体共持有票据94822张，金额8343.92亿元。

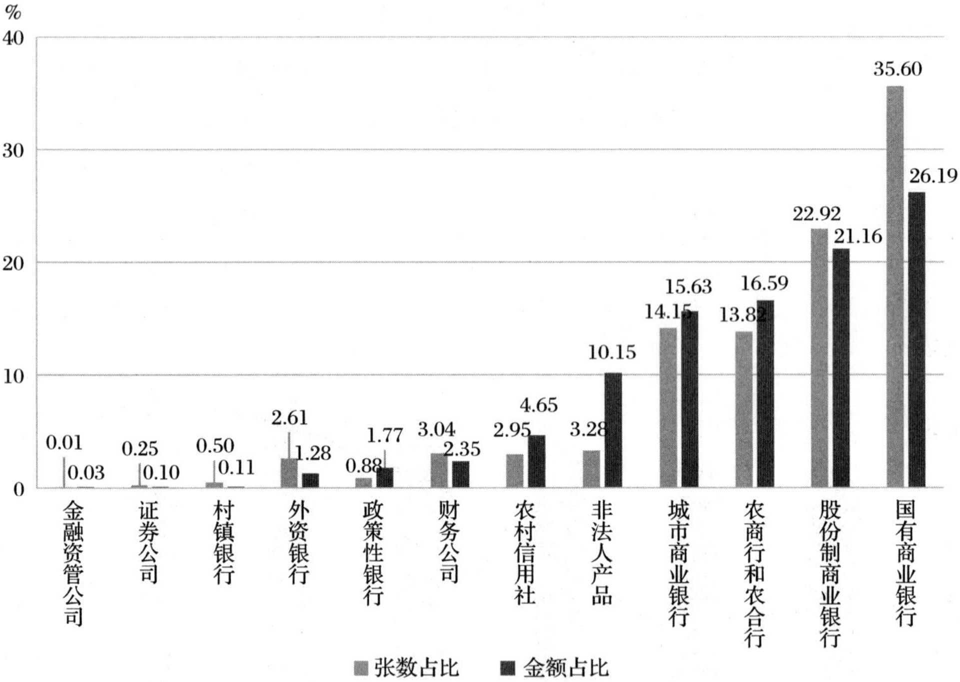

图2 2019年6月末票据持有者类型结构

从持有票据面额看，以500万元（含）以上居多，张数占比37.31%，金额占比81.92%。从持有票据类别看，持有银行承兑汇票80999张，市场占比3.16%，金额6422.88亿元，市场占比8.63%；持有商票13823张，市场占比11.53%，金额1921.03亿元，市场占比28.37%。

（三）持有主体集中在东部沿海省份，浙江、安徽和重庆地区小面额票据多，云南、黑龙江和天津地区大面额票据比重高

6月末，托管票据持有主体所属省份较为集中。从张数看，江苏、广东、浙江、上海和山东居前五，合计占比45.44%。从金额看，广东、江苏、上海、北京和浙江居前五，合计占比42.63%。其中，从票据类别看，广东、上海和江苏持有银票居前三，江苏、广东和北京持有商票居前三；从平均票面金额看，浙江、安徽和重庆所辖机构持有票据平均面额在200万元以下；云南、黑龙江和天津所辖机构持有票据平均面额在500万元以上。

二、票据托管基础信息

（一）出票、贴现企业集中在中小微型企业，行业多分布在制造业和批发零售业

随着企业信息库的建立，纸电票据所涉企业信息的多维度分析基础已经完备。上半年托管票据中，从出票企业规模看，以中小微型企业为主，张数占比76.07%，金额占比71.07%。从出票企业行业看，集中在制造业和批发零售业，张数占比62.11%，金额占比58.47%。从贴现企业规模看，进一步集中在中小微型企业，张数占比92.24%，金额占比87.90%。从贴现企业行业看，也集中在制造业和批发零售业，张数占比78.93%，金额占比82.80%。

（二）承兑、贴现机构以股份制商业银行为主，主要分布在江苏、浙江、广东等沿海地区

上半年托管票据中，从承兑行类型看，股份制商业银行居首，张数占比34.81%，同比减少5.01个百分点，金额占比42.24%，同比减少1.08个百分点；其次为城商行和国有商业银行。主要分布地区为江苏、广东、浙江及山东等沿海省份。

从贴现行类型看，以股份制商业银行、国有商业银行和城商行为主，张数分别占比30.62%、33.58%和19.66%，合计83.86%，同比增加8.10个百分点；金额分别占比39.86%、23.51%和21.46%，合计84.83%，同比增加2.97个百分点。主要分布地区为江苏、浙江和广东等东部沿海省份。

（三）托管票据中百万元以下票据占比进一步提升

上半年托管票据中，托管票面金额在100万元（含）以下的张数占比

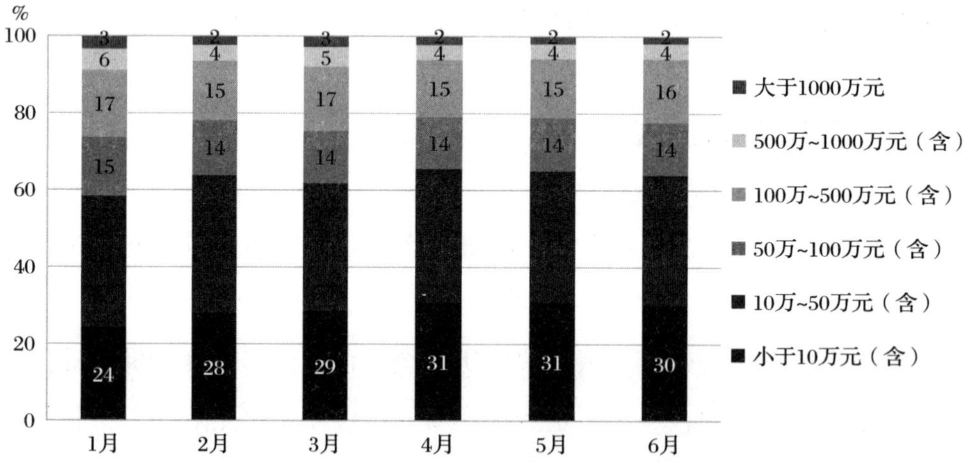

图3 2019年1月至6月权属登记票面金额结构（张数）

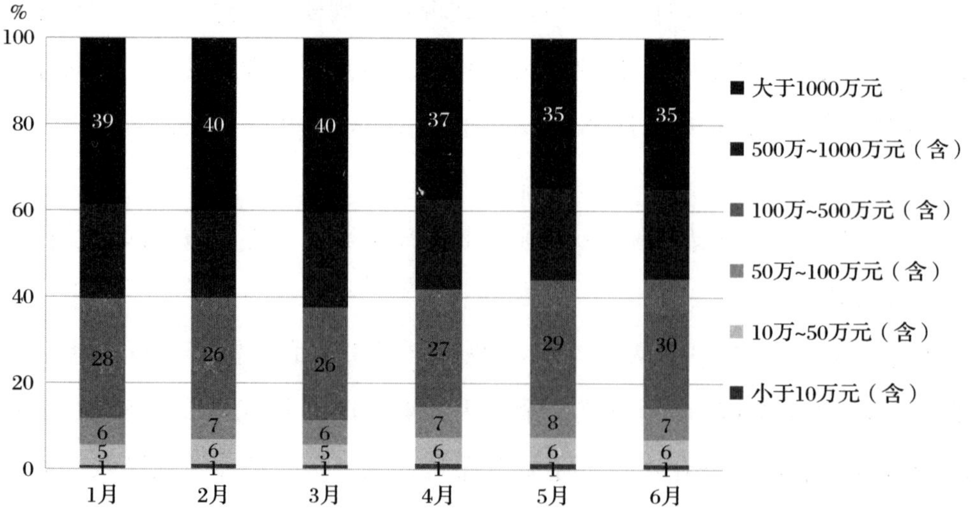

图4 2019年1月至6月权属登记票面金额结构（金额）

76.81%，同比增加2.64个百分点，金额占比12.87%，同比增加0.21个百分点；500万元以上的张数占比7.05%，金额占比60.63%，同比分别减少1.59个和5.09个百分点。

（四）短签发期限的票据同比增长显著，托管票据剩余期限缩短

上半年托管票据中，从签发期限看，集中在90天以上，张数2507421张(占比76.00%），金额56876.17亿元（占比88.30%），同比分别减少18.74个和5.71个百分点。90天（含）以内的张数791838张（占比24.01%），金额7534.10亿元（占比11.69%），同比分别增加18.75个和5.69个百分点。

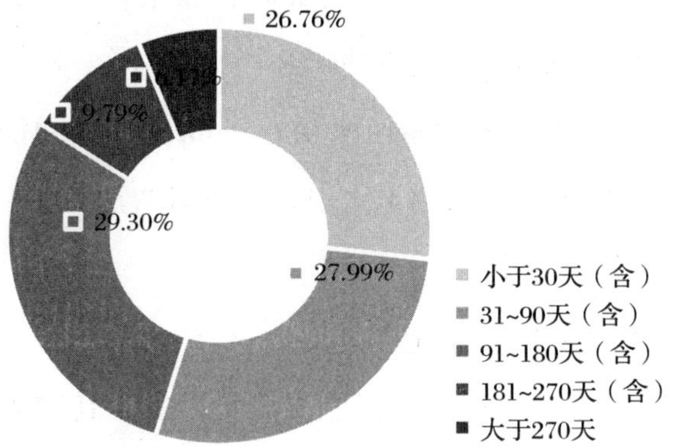

图5 托管票据剩余期限结构（张数）

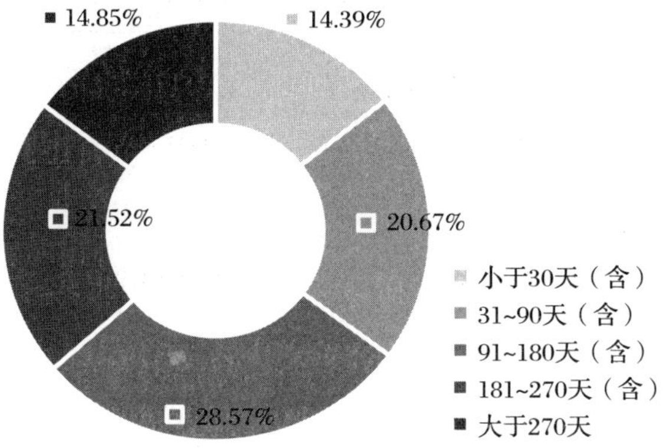

图6 托管票据剩余期限结构（金额）

6月末，托管票据剩余期限多在180天以内，张数占比84.05%，金额占比63.63%，较上季度末增加12.18个百分点。

三、票据托管运行特点

（一）贴现票据面额趋于小额化，亟待更有效对接市场需求

上半年，金融机构累计办理票据贴现63240.75亿元，同比增长47.53%。从贴现票据的票面金额看，多集中在100万元（含）以下，张数占比76.81%，同比增加2.64个百分点；金额占比12.87%，同比增加0.21个百分点。其中，国有商业银行贴现的100万元（含）以下占比最高，张数占比35.86%，同比增加0.65个百分点；金额占比32.89%，同比增加0.39个百分点。其次为股份制商业银行和城商行，张数占比分别为31.08%和16.98%，同比分别增加9.11个和0.3个百分点；金额占比分别为31.15%和19.14%，同比分别增加9.18个和2.55个百分点。股份制商业银行增幅最为显著。

从贴现的平均票面金额看，上半年为193万元，同比下降14.60%。其中，股份制商业银行贴现的平均票面金额同比下降最多，其次为外资银行、国有商业银行及城商行，分别下降25.38%、20.03%、16.92%和16.71%。

表3　贴现平均票面金额同比增长率

机构类型	2019年上半年平均票面金额	2018年上半年平均票面金额	同比增长率（%）
财务公司	1985798.95	2332539.27	-14.87
城市商业银行	2130862.01	2558414.16	-16.71
股份制商业银行	2541108.34	3405291.57	-25.38
外资银行	1215134.82	1519489.75	-20.03
农村金融机构	1883468.72	1571724.79	19.83
政策性及国有商业银行	1367088.94	1645422.51	-16.92

随着票据市场的全面电子化、操作便利化，越来越多的民营企业和小微企业使用票据来满足支付融资需求，票据面额趋于小额化。很多贴现机构积极开发线上贴现产品，顺应这类需求以更好地服务企业，这与票交所2019年5月27日上线的“贴现通”业务理念不谋而合。作为聚焦民营企业和小微企业票据融资需求、提升票据贴现服务实体经济质效的创新业务，“贴现通”筑起了贴现市场的“高速公路”。未来，票交所将进一步对接这类贴现机构，引导其通过“贴现通”业务平台，扩大贴现服务范围，并引领示范其他金融机构，共同打造贴现市场新生态。

（二）非银机构和非法人产品已在票据市场扮演重要角色，需进一步推动明确政策、夯实制度基础

6月末，非银机构和非法人产品票据托管余额达8343.92亿元，占票交所总托管量的10.27%，仅次于国有商业银行、股份制商业银行、城商行、农商行和农合行，已在票据市场扮演着重要角色。从上半年托管记账信息看，非银机构和非法人产品共发生转贴现买入业务4894笔，金额19099.16亿元；转贴现卖出业务3264笔，金额14518.99亿元。其中，发生银票交易6366笔，金额27639.83亿元；商票交易1792笔，金额5978.32亿元。

随着非银机构和非法人产品的参与和扩容，票据业务的可交易对手类型日益丰富，票据市场的深度广度得以拓展，服务实体经济的能力进一步增强。无论是托管余额还是交易总量，都表明非银机构和非法人产品参与票据业务动力很大，且已形成相当规模。然而，受制于配套监管政策的缺失，非银机构和非法人产品参与票据交易尚存在合规顾虑或者实质性障碍，资管新规过渡期后现有的票据资管业务可能面临大幅压缩乃至取消的风险。鉴于此，需要进一步推动金融管理部门明确相关监管政策，允许非银机构和非法人产品直接投资已贴现票据，认可已贴现票据的标准化债权类资产属性，为更多主体有序参与票据交易夯实制度基础。

市场研究

浅析票据市场对公司财务的影响

闵　敏　王文雅　张　罡[①]

［摘要］本文利用某票据中介的交易数据分析了票据在公司财务中的作用。首先我们发现票据市场不同于其他金融市场，对中小企业贴现不存在价格歧视。接着我们结合我国工业企业数据库，发现企业规模越大，杠杆率、融资成本越高，该企业越倾向于发行票据。最后，总资产越高、杠杆率越低的企业，越倾向于将得到的票据作为支付手段支付给下游企业，而这样的企业作为贴现企业，贴现率越低。

一、文章简介

习近平总书记在中央政治局第十三次集体学习时的重要讲话中强调“推动金融业高质量发展”，并把金融安全提升为国家安全的重要组成部分。他同时指出，“打通金融活水流向实体经济的最后一公里，为实体经济发展提供更高质量、更有效率的金融服务”，“改进小微企业和‘三农’金融服务”，并

① 作者简介：闵敏，男，上海财经大学金融科学实验中心副主任；王文雅，女，上海财经大学金融学院助理教授；张罡，男，长江商学院助理教授。

强调“防范化解金融风险特别是防止发生系统性金融风险，是金融工作的根本性任务”。作为企业在日常运营中最常使用的金融工具之一，票据产生于在商品交易和资金往来过程中发行的汇票、本票和支票，正是金融市场通向实体经济的“最后一公里”。有别于股票市场、银行信贷等融资方式，票据融资，特别是银行票据，对企业资质要求相对较低，是中小型企业主要的融资手段。因此，促进票据市场健康、规范发展契合总书记要求金融服务实体经济（特别是小微企业）、预防系统性风险的讲话精神。

随着我国金融市场整体快速发展，票据市场规模在最近十五年也迅猛扩张。年票据承兑量从2005年的6.75万亿元增长到2015年的100万亿元，相当于2015年名义GDP的1.5倍。时至今日，票据市场不仅规模相当庞大，它所涉及的经济主体也相当广泛。通过担保、承兑、背书，票据可以从一家企业流向另一家企业；如果企业选择贴现，票据又将企业与金融机构连接在一起；不同的金融机构会通过转贴现的方式产生联系。这样，票据流转的网络实质上就是一个包括众多企业和银行的复杂的金融网络。这样的网络，一方面，增加了金融市场的流动性，弥补了银行信贷等其他金融工具的局限性和不确定性；另一方面，根据美国次贷危机的经验，如果对该市场疏于监管，让高风险个体大量进入或者占据市场核心位置，一些个体或者行业的风险在一定条件下也可能通过这样的网络传递、放大，甚至滋生系统性金融风险。

本文利用我国某大型票据中介的交易数据，分析票据市场对我国中小企业融资的影响。由于数据的限制，以往文献在分析中通常都只会侧重在工业企业规模以上的企业。由于采用交易数据，我们可以中小企业和工企以上规模的企业作比较，分析这些差异可能对企业的发展带来的影响。首先，我们发现票据市场不同于其他金融市场，对中小企业贴现不存在价格歧视。这个发现符合我国票据市场的特质。在我国，绝大多数票据是银行票据。由于银行违约的概率几乎为零，由其背书的银票就有了很强的流通性，这也降低了贴现金融机构对贴现企业的要求。接着我们结合我国工业企业数据库，发现企业规模越大、杠杆率、融资成本高，该企业越倾向于发行票据。然后，总资产越高、杠杆率越低的企业，越倾向于将得到的票据作为支付手段支付给下游企业，而这样的企业作为贴现企业，贴现率越低。

二、文献简述

金融部门被认为是实体经济的催化剂。Bagehot（1873）、Schumpeter（1912）、Gurley 和Shaw（1955）以及McKinnon（1973）皆认为金融部门的发展降低了交易中信息不对称带来的摩擦，对经济的长期发展起到了重要的作用。但是，由于相关数据的欠缺，对于金融部门如何对实体经济产生影响的研究主要集中在理论和宏观实证分析。其中的例外就是一系列文章利用自然实验来研究对金融系统的冲击怎么影响实体经济的。比如Gan（2007）利用贷款和公司数据发现，银行信贷缩减会导致公司的投资减少。Chodorow-Reich（2014）利用雷曼兄弟的倒闭来研究对与其有借贷关系的公司的影响。他发现那些与雷曼兄弟生意往来的有银行贷款的公司，在雷曼兄弟倒闭以后更难贷款；如果有贷款，那么贷款利率更高；公司的雇员会减少得更多。但是这些研究对象要么是上市公司，要么是具有一定规模的公司。本文的贡献在于利用微观数据探讨了金融系统对中小公司的影响。

三、数据讨论

本文主要使用了两部分数据。一部分数据来自我国某大型票据中介的交易数据。数据包括贴现价格、发行和贴现日期以及相关公司和银行的区域信息。我们剔除了贴现价格缺失的，以及贴现价格超过最高和最低的1%的观察量。由于系统问题，该中介无法提供2013年的交易数据，因此我们的样本涵盖从2011年到2017年（2013年除外）的票据交易数据。我们计算出在贴现时票据距到期日的时间差，并且利用GIS软件计算出贴现公司和银行间的物理距离。表1介绍了数据中的基本统计信息。值得注意的是交易量在2014年达到了峰值。随着国家对票据市场的管控，交易量也随之下降。另外，我们发现贴现率基本反映了我国宏观货币政策对利率的影响。最后，在2016年以前，公司平均会在发行之后的一周以内选择贴现票据，体现了票据市场对增加公司资产流动性起到了很重要的作用。

表1　票据数据描述性统计

贴现年度	交易量（百万）	平均期限	平均贴现价格	贴现日与发行日平均距离天数（天）	期限大于200天的票据占比
2011	406844.51	182.2326	6.30%	2.16	0.07%
2012	771527.96	182.1718	5.60%	1.65	0.08%
2014	1178070.90	187.9417	5.26%	3.89	3.85%
2015	563718.48	199.689	4.10%	4.89	10.38%
2016	568972.20	205.9289	3.32%	5.29	14.17%
2017	148363.12	231.5739	5.01%	15.52	28.98%

另一部分数据来自中国工业企业数据库。该数据囊括了我国年销售额在2000万元以上的工业企业，并且提供了企业生产和财务的相关数据。我们将票据数据中出现的发票企业、收票企业及贴现企业的名称与2011—2012年的中国工业企业数据库进行合并。表2介绍了票据数据与工业企业数据库合并的情况。两年合计下来，票据数据中分别有32%、21%和16%的观测值中的企业名

表2　票据数据和2011—2012年中国工业企业数据库合并情况

单位：个

	工业企业总计数量	发票企业样本点	收票企业样本点	贴票企业样本点
2011	303392	50720	34330	26604
2012	311314	52208	35482	27536
合计		54044	37087	28725

数据来源：2011—2012年中国工业企业数据库。

称与工业企业数据库中的企业名称匹配。尽管我们无法排除测量误差的问题，但余下的样本观测值中的企业有较大可能为工业以下规模的企业。

四、票据对中小企业融资的影响

无论在欧美发达国家还是发展中国家，中小企业的成长对社会就业和经济长期增长都起到了至关重要的作用。同样，我国中小企业在经济发展、就业领域和科技创新领域扮演着主力军的角色。在欧美发达国家，中小企业的融资来源很大程度上依赖银行信贷。但在中国，由于早年间缺乏统一的社会征信系统，中小企业因为缺乏足够的资产作为抵押，很难从银行获取足够的信贷。这就造成了我国的中小企业长期以来面临着融资难、融资贵的问题。理解中小企业的特征及融资症结所在是保障我国经济持续、健康、高质量、有创新力发展的重要课题。

在本部分，我们探讨贴现的金融机构是否会对中小企业存在价格歧视。Allen 等 (2005)认为中小企业由于通常处于发展的早期阶段，无法提供官方贷款所需的抵押或者还没有和银行建立相应的关系，因此很难从银行获得贷款。票据市场作为银行贷款的重要补充，给中小企业提供了重要的资金流动性。以银行为代表的金融机构是否会对中小型企业在票据市场也进行价格歧视是研究票据市场作用的重要方面。我们根据发行和贴现企业是否是工企规模以上的企业，将所有交易分为四大类：工企规模的发行企业对工企规模的贴现企业、工企规模的发行企业对非工企规模的贴现企业、非工企规模的发行企业对工企规模的贴现企业，以及非工企规模的发行企业对非工企规模的贴现企业。图1展示了所有分组在2011—2017年（2013年除外）的平均贴现率。有趣的是，我们并没有发现各组之间的平均贴现率存在明显的差异。这说明，票据市场不同于其他金融市场，不存在对中小型企业的明显的价格歧视。这解释了票据为什么成为中小企业主要的融资工具，并强调了票据在我国金融产品中的重要作用。

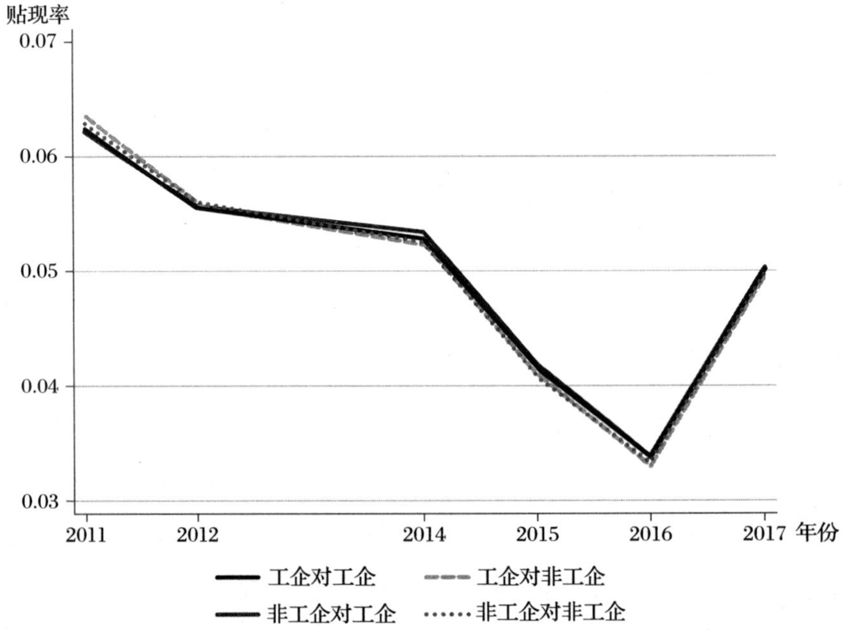

图1 平均贴现率的历史演进

由于贴现率会受到很多因素的影响，比如贴现银行的异质性、宏观货币政策、贴现日距到期日的时间差以及贴现企业到贴现银行的距离等，这些影响不能在简单的均值中体现出来，因此我们对交易面板数据进行了回归分析。以下是我们采用的实证模型：

$$贴现率_{ijt} = \beta_0 + \beta_1 D_j + \beta_2 D_j + \beta_3 X_{ijt} + \varepsilon_{ijt}$$

其中，i代表发行企业，j代表贴现企业。如果发行企业为工企规模，那么D_i等于1，否则等于0。如果贴现企业为工企规模，那么D_j等于1，否则等于0。X_{ijt}为控制变量，包括贴现日距到期日的时间差、贴现企业到贴现银行的距离、贴现行的虚拟变量以及年度月份的虚拟变量。贴现行的虚拟变量主要控制贴现银行的异质性，而年度月份的虚拟变量意在控制货币政策的影响。表3介绍了回归结果。结果显示，如果票据是由工企规模的企业发行的，其贴现率确实会较非工企规模企业发行的票据低0.02%。虽然这个差距在统计学意义上是显著的，但是在经济学上并不显著。如果票据是由非工业规模企业去金融机构进行贴现，那么其贴现率较工企规模企业大约高0.01个百分点。同样，虽然该差异在统计上显著，但经济学上并不明显。回归结果也佐证了我们之前的判断：在票据市场，金融机构对中小型企业较之其他金融市场要公平一些。这些观察也符合票据市场的特质。在我国，由于票据主要是以银行票据为主，而银行违约的概率几乎为零，因此，贴现金融机构并不会担心票据的违约风险。而违约风险也恰恰就是其他金融市场对中小企业存在价格歧视的主要原因。

表3　是否为工企规模企业对贴现率的影响

	模型一	模型二	模型三
D_i	−0.000781*** (0.0000887)	−0.000149*** (0.0000219)	−0.000173*** (0.0000289)
D_j	0.000373** (0.000134)	−0.0000803* (0.0000330)	−0.0000896* (0.0000401)
控制变量	否	是	是
交叉控制变量	否	否	是
银行虚拟变量	否	是	是
年月虚拟变量	否	是	是
样本量	123348	123348	123348
R^2	0.025	0.945	0.945

五、票据对工企规模企业融资的影响

在本部分，我们将探讨工业企业数据库中哪些企业更加有可能发行、接受以及提前贴现票据（以2011年为例）。

票据发行企业为上游大型企业，本身财务状况相对于收票企业财务状况良好。而票据贴现的企业往往因为现金流不足倾向于提前贴现票据以获得现金。因此，我们首先比较了发票、收票和贴现企业的不同财务指标，并与一般规模以上工业企业作对比。表4介绍了平均总资产(log)、杠杆率（总负债/总资产）、平均利率（利息费用/总负债）和应收账款及应付账款占销售收入的占比。我们可以看到这些数据与以往的认知并不完全一致。首先，发票企业确实比一般规模工业企业在总资产规模上要大，但是这一现象对收票和贴现企业同样成立。其次，涉及票据的企业杠杆率均要比一般规上企业来得高，同时利率要更低。再次，相较于收票和贴现企业，发票的企业面临的利率更高，更贴近一般规上企业的平均利率。最后，发票企业的应收账款低于一般规上工业企业的规模，为销售收入的13.64%，略低于一般规上企业的一半。

表4　票据数据描述性统计（2011年）

	总资产（log）	杠杆率（%）	平均利率	应收账款/销售收入（%）	应付账款/销售收入（%）
规上平均	11.08	49.20	0.09	30.68	17.97
发票企业	13.27	57.98	0.08	13.64	11.21
收票企业	13.43	57.93	0.06	12.98	12.90
贴现企业	13.16	57.86	0.06	11.25	12.50

为了更好地理解票据发行、接受及贴现的行为，我们作以下回归分析。首先我们利用Probit模型来探讨什么样的企业更有可能发行、接受和贴现票据。其次我们利用OLS回归模型探讨企业的特征对其涉及的票据面额、贴现价格和提前贴现行为的影响。

（一）票据发行

以下Probit 回归模型考察了资产、杠杆率以及利率等因素对企业是否发行票据的影响。为了保证结果的稳健性，我们使用了不同的控制变量。

$$\mathrm{I}(\textit{是否发行}) = \Phi(\beta_0 + \beta_1 \log \textit{总资产} + \beta_2 \textit{杠杆率} + \beta_3 \textit{平均利率} + \varepsilon)$$

如果企业发行票据，$\mathrm{I}(\textit{是否发行}) = 1$，否则该式为0，$\Phi$为正态分布的累计密度函数。上式加入了一些基础控制变量，表5介绍了另外两种加入更多控制变量的结果，比如是否国有或民营、是否出口，长期债务持有情况等控制变量均可能对是否发行票据有影响。

从表5来看，总资产、杠杆率、利率越高，企业越倾向于发行票据。总资产的影响可能来自小企业发行的票据不容易被其他企业接受。而杠杆率和利率越高，企业越难从其他资金渠道融入资金。因此这些企业发行票据，通过占用下游企业资金的方式来达到对自身融资状况改善的目的。其他控制变量表明，

表5 企业特征对是否发行票据的影响

	模型1	模型2	模型3
Log 总资产	0.360***	0.378***	0.387***
	（96.63）	（77.47）	（73.88）
杠杆率	0.00103*	0.00106*	0.00110*
	（2.32）	（2.23）	（2.35）
利率	0.000197	−0.00106	0.148***
	（0.40）	（−0.24）	（3.56）
国有		−0.483***	−0.456***
		（−10.38）	（−9.47）
出口企业		−0.0861***	−0.0906***
		（−5.64）	（−5.78）
企业年龄			−0.00106
			（−1.31）
持有长期债务			−0.0312*
			（−1.99）
应收账款占销售收入比			−0.0150***
			（−3.55）
应付账款占销售收入比			−0.223***
			（−7.08）
常数	−6.219***	−6.433***	−6.490***
	（−97.26)	（−58.15)	（−57.90）
行业固定效应	是	是	是
样本点个数	265059	174556	172573

如果企业为国有或者出口企业，要么有较低的资金渠道，要么下游企业为国外进口商，因此发行票据概率较低。企业如果持有长期债务，说明银企关系良好，企业发行票据的概率较低。另外，较高的应收和应付账款占销售收入之比，说明企业已经利用较多的贸易信贷，因此发行票据概率较低。

我们利用OLS回归同样探讨了以上控制变量对发行票据金额的影响。从表6来看，总资产、杠杆率、是否为出口企业和应收账款占销售收入的占比对发行金额的影响类似于表5中对是否发行的影响。

表6　企业特征对发行金额的影响

	模型1	模型2	模型3
Log 总资产	0.130***	0.172***	0.185***
	(15.83)	(15.74)	(15.67)
杠杆率	0.0488	0.187**	0.211**
	(1.03)	(3.01)	(3.28)
利率	0.00193	0.102	0.141
	(1.17)	(1.25)	(1.69)
国有		-0.250**	-0.153
		(-2.64)	(-1.55)
出口企业		-0.269***	-0.267***
		(-8.13)	(-7.81)
企业年龄			-0.00514**
			(-3.21)
持有长期债务			-0.0373
			(-1.06)
应收账款占销售收入比			-0.0959*
			(-2.50)
应付账款占销售收入比			-0.0353
			(-0.62)
常数	5.509***	4.555***	4.478***
	(38.47)	(19.22)	(18.66)
行业固定效应	是	是	是
样本点个数	7892	4985	4915

（二）票据接收

利用以上Probit和OLS回归模型，我们继续探讨企业的一些特征对其是否接受票据的影响。对比表5和表7，我们可以看到总资产仍然对企业是否接收票据有正面影响，这也与表4中收票企业平均资产高于一般规上企业的特征符合。然而与表5不一样的是，杠杆率和利率对收票企业的影响统计意义上不显著。这意味着，是否发行票据更像是发行企业根据其自身状况作出的决定，而并非由发票和收票企业间通过谈判议价的方式决定。另外，表7表明，国有和

表7　企业特征对是否接收票据的影响

	模型1	模型2	模型3
Log 总资产	0.299***	0.327***	0.335***
	(76.54)	(62.19)	(59.28)
杠杆率	0.000820	0.000876	0.000898
	(1.64)	(1.55)	(1.59)
利率	−0.0206	−0.00250	−0.0330
	(−0.80)	(−0.18)	(−0.59)
国有		−0.326***	−0.268***
		(−6.87)	(−5.46)
出口企业		−0.236***	−0.235***
		(−13.06)	(−12.68)
企业年龄			−0.00336***
			(−3.55)
持有长期债务			−0.0360*
			(−2.02)
应收账款占销售收入比			0.00334
			(0.59)
应付账款占销售收入比			−0.0354
			(−1.55)
常数	−5.224***	−5.576***	−5.618***
	(−87.01)	(−54.66)	(−54.06)
行业固定效应	是	是	是
样本点个数	264389	173990	172009

出口企业相对不愿意接受票据，而企业年龄越大或者银企关系越好（持有长期债务），也越不倾向于接受票据。其他变量，比如应收和应付账款的情况，对企业是否接受票据不构成统计意义上显著的影响。这意味着与传统印象符合的是，企业接受票据属于被动之举，而与传统印象不符合的是，接受票据的企业往往总资产比较高，而不是较低，面临的市场利率比发票企业低，而不是高。

表8探讨了企业特征对其接受票据金额的影响。我们可以看到，与表6不同的是，在控制了企业年龄、长期债务持有情况及应收应付账款占销售收入比之后，

表8　企业特征对接受票据金额的影响

	模型1	模型2	模型3
Log 总资产	0.0694***	0.0849***	0.0910***
	（8.03）	（7.25）	（7.07）
杠杆率	0.143**	0.191**	0.142
	（2.68）	（2.64）	（1.89）
利率	−0.0545	−0.0580	−0.0346
	（−0.73）	（−0.73）	（−0.24）
国有		−0.162	−0.148
		（−1.57）	（−1.38）
出口企业		−0.190***	−0.180***
		（−4.40）	（−3.99）
企业年龄			−0.000343
			（−0.17）
持有长期债务			−0.0721
			（−1.63）
应收账款占销售收入比			−0.0247
			（−1.49）
应付账款占销售收入比			0.137*
			（2.21）
常数	6.258***	5.926***	5.854***
	（45.81）	（26.42）	（25.52）
行业固定效应	是	是	是
样本点个数	5944	3523	3472

杠杆率对企业接受的票据金额不具有显著影响。另外，出口企业接受的票据金额较低，应付账款比较高的企业接受的票据金额较高。后者可能是由于该企业的货款尚未被发票企业支付，转而向下游企业通过应付账款的方式转嫁资金压力。

不同资金压力的企业向下游转移票据的行为可能不同。在16.79万条样本

表9　企业特征对票据支付给下游企业行为的影响

	模型1	模型2	模型3
Log 总资产	0.0830***	0.0979***	0.0978***
	(18.35)	(14.94)	(13.40)
杠杆率	-0.202***	-0.298***	-0.265***
	(-6.86)	(-7.24)	(-6.21)
利率	0.145**	0.0696	-0.140
	(2.64)	(1.41)	(-1.46)
票据金额	-0.293***	-0.348***	-0.346***
	(-40.95)	(-35.35)	(-34.91)
票据期限	-0.00188***	-0.00210***	-0.00216***
	(-9.09)	(-6.73)	(-6.90)
国有		0.173***	0.188***
		(3.64)	(3.91)
出口		-0.0104	-0.0112
		(-0.44)	(-0.46)
企业年龄			-0.00142
			(-1.48)
持有长期债务			0.0138
			(0.56)
应收账款占销售收入比			0.0232
			(1.95)
应付账款占销售收入比			0.0224
			(0.79)
常数	1.658***	2.344***	2.353***
	(17.60)	(14.71)	(14.53)
行业固定效应	是	是	是
样本点个数	31584	18573	18415

中，我们发现55%的交易票据接受企业和最终贴现企业不一致，也就是说这些企业将票据作为支付手段支付了下游企业的货款。为了考察企业的特征对是否将票据支付给下游企业这一行为有所影响，我们将样本中收票企业不等同于贴现企业的情况记为1，反之记为0，并作Probit模型分析。需要注意的是，由于我们的样本中不含有持有票据到期并向承兑银行承兑的情况，因此无法考察是否资金紧张的企业更倾向于提前贴现，而不是持有到期。但如果我们仅考虑企业自己贴现，或者支付给下游企业这一行为，表9说明总资产越高、杠杆率越低的企业，越倾向于将得到的票据作为支付手段支付给下游企业。反之，资产越低、杠杆率越高的企业倾向于直接贴现。另外，票据的金额越大或者期限越久，其流动性可能受到影响，因而降低其作为支付手段支付给下游企业的可能性。

（三）票据贴现

企业的资产负债情况对企业是否为贴现企业的影响，大致与表7和表8中描述的对企业是否接受票据及接受票据金额的影响类似，因此我们不在此赘述。一个更有意义的话题是，票据贴现中贴现价格受哪些因素影响？对此我们分两种情况讨论：（1）贴现企业是收票企业；（2）贴现企业不是收票企业。

从表10可以看出，总资产越高、杠杆率越低的企业，贴现价格越低，即同等面额的票据，这类企业可以贴现获得较高的现金。对比两类企业，如果企业是收票企业，那么其资产和杠杆率对其贴现价格影响较大。利率对贴现价格的影响为负，也就是说如果企业债务融资价格越高，其票据贴现价格越低，这一现象不符合我们认为的两种融资手段利率正相关的预测。另外，如果企业持有较高的应收账款，企业较多的销售收入并未兑换成现金，那么票据的贴现价格较高。再者，如果企业票面金额较低，或者离到期时间较久，承兑行为国有银行或股份制商业银行，企业的票据贴现价格均会降低。最后，承兑行与贴现行的地理距离越近，企业的票据贴现价格越低，这可能是较少的信息不对称带来的。

表10　贴现价格的决定因素

	贴现企业是否为收票企业	
	否	是
Log 总资产	–0.0000573	–0.000395***
	(–0.40)	(–3.78)
杠杆率	0.00154*	0.00357***
	(2.02)	(6.89)
利率	–0.000722	–0.00634***
	(–0.50)	(–4.84)
企业年龄	–0.0000246	–0.0000271*
	(–1.11)	(–2.09)
持有长期债务	0.00127**	0.00177***
	(2.80)	(5.90)
应收账款占销售收入比	0.00530***	0.00275***
	(5.05)	(4.69)
应付账款占销售收入比	–0.000767	0.000318
	(–1.49)	(1.03)
国有	0.00158	–0.00253***
	(1.45)	(–3.64)
出口	–0.000233	0.000766*
	(–0.52)	(2.49)
票据金额	0.000900***	0.000423**
	(5.65)	(3.20)
票据到期时间	–0.0000434***	–0.0000724***
	(–7.18)	(–18.29)
承兑行是否为国有或股份制商业银行	–0.00325***	–0.00527***
	(–9.05)	(–19.98)
贴现行是否为国有或股份制商业银行	0.00277***	0.000787
	(4.27)	(1.34)
发行和贴现省份距离	0.00360	0.00458*
	(1.16)	(1.97)
常数	0.0504***	0.0593***
	(20.48)	(26.31)
行业固定效应	是	是
样本点个数	4005	8141

六、结论

本文利用某票据中介的交易数据分析了票据在公司财务中的作用。首先，我们发现票据市场不同于其他金融市场，对中小企业贴现不存在价格歧视。这个发现符合我国票据市场的特质。在我国，绝大多数的票据是银行票据。由于银行违约的概率几乎为零，由其背书的银票就有了很强的流通性，这也降低了贴现金融机构对贴现企业的要求。接着我们结合我国工业企业数据库，发现企业规模越大，杠杆率、利率越高，该企业越倾向于发行票据。总资产越高、杠杆率越低的企业，越倾向于将得到的票据作为支付手段支付给下游企业。而这样的企业作为贴现企业，贴现率越低。

参考文献

[1] Allen, Franklin, Jun Qian, and Meijun Qian. Law, finance and economic growth in China [J]. Journal of Financial Economics，2005(77):57−116.

[2] Bagehot, W. Lombard Street, 1962 ed. Irwin, Homewood, IL, 1873.

[3] Chodorow−Reich (2014).

[4] Gan, Jie. The Real Effects of Asset Market Bubbles: Loan− and Firm−Level Evidence of a Lending Channel [J]. *Review of Financial Studies*, 2007(20):1941−1973.

[5] Gurley, J.G., Shaw, E.S. Financial aspects of economic development [J]. *American Economic Review*，1955(45):515−538.

[6] McKinnon, R.I. Money and Capital in Economic Development. Brookings Institution, Washington, DC, 1973.

[7] Schumpeter, J.A. Theorie der wirtschaftlichen Entwicklung. Dunker & Humblot, Leipzig. The Theory of Economic Development translated by R. Opie. Harvard University Press, Cambridge, MA, 1934.

聚合票据业务发展动能 助推“一带一路”经济建设

徐晓岚[1]

一、“一带一路”建设对世界和中国意义重大

2013年9月和10月，中国国家主席习近平在出访中亚和东南亚国家期间，先后提出了共建“丝绸之路经济带”和“21世纪海上丝绸之路”的倡议，得到国际社会的高度关注。“丝绸之路经济带”和“21世纪海上丝绸之路”，二者共同简称“一带一路”。“21世纪海上丝绸之路带”从海上连通亚欧非大陆，和“丝绸之路经济带”形成了一个海上、陆地的闭环。“一带一路”贯穿亚欧非大陆，一头是活跃的东亚经济圈，另一头是发达的欧洲经济圈，中间广大腹地国家经济发展潜力巨大。“一带一路”倡议是我国对外开放的一项重大举措，对世界和我国未来经济发展都具有极其深远的重要意义。

一是“一带一路”将促进国内经济的全面开放和区域结构转型。改革开放40年来，我国对外开放重点在东南沿海地区，而广大的中西部地区始终扮演着“追随者”的角色，这在一定程度上造成了东、中、西部的区域失衡。借助“一带一路”倡议，东北、西北、西南、东南沿海和内陆省份正在构建各种对

① 作者简介：徐晓岚，现任中国工商银行票据营业部总经理。

外开放和合作平台，共同参与到开放发展进程中来。

二是“一带一路”将促进中国要素流动和国际产业转移。“一带一路”沿线国家和地区具有发展速度快、劳动力供给充裕、自然资源丰富的特点，但基础设施和资金相对短缺，总体负债率较高。而我国国内产能存在过剩，产业结构调整任务艰巨。“一带一路”建设恰好顺应了中国要素流动的新趋势。“一带一路”倡议通过政策沟通、设施连通、贸易畅通、资金融通、民心相通这“五通”，将中国的生产要素，尤其是优质的过剩产能输送出去，让沿“带”沿“路”的发展中国家和地区共享中国发展的成果。

三是“一带一路”将促进国际经贸合作与经贸机制转型。近年来，以世界贸易组织为代表的经济全球化进程遇到了很大的困难，随着中美贸易摩擦的持续，国际经贸机制将发生深刻变化，各种区域化进程在不断涌现和发展。中国建设中的自由贸易区大部分处于“一带一路”沿线上，中国的自由贸易区战略也将随着“一带一路”倡议的实施而得到落实和发展。

四是“一带一路”将促进中国经济合作国家结构的转变。中国早期的对外开放主要针对的是发达国家和地区，吸收发达经济体在资本、技术和管理等方面的优势。但目前中国的经济面临着全面转型升级的重任，长期建设形成的一些产能需要新的出路，目前世界上仍然有许多国家正面临着当初中国遇到的难题。“一带一路”建设，能够促进这些发展中国家和地区完善基础设施建设、发展一些基础产业，提高经济发展水平和生产能力，同时也顺应了中国产业技术升级的需要。

二、“一带一路”建设为金融发展带来新机遇

当前，中国扩大开放举措的不断出台，将进一步推动多层次资本市场建设，提升金融服务实体经济的效率和水平。与此同时，“一带一路”建设正在走深走实，金融市场发展面临诸多新机遇。

（一）“一带一路”倡议呼唤金融的支持与创新

“一带一路”沿线总人口44亿人，经济总量21万亿美元，分别占全球的63%和29%，是世界上最长、最具活力和发展潜力的国际经济大走廊。“一带一路”倡议构想的实施涉及众多产业和要素的调动，需要充足的资金保障，这离不开金融业的支持。据测算，2020年前亚洲地区每年基础设施投资需求将高达7000亿~8000亿美元，即使发达经济体，也面临基础设施更新升级的问题。随着“一带一路”建设的深入推进，金融服务需求将日益旺盛，亚投行、丝路基金只能解决部分资金问题，庞大的资金需求呼唤更多金融机构广泛地参与“一带一路”建设，通过不同类型金融机构的优势互补、协作联动、深度创新，共同为“一带一路”发展服务。

（二）“一带一路”倡议助推人民币国际化进程加快

随着“一带一路”建设的逐步深入，中国与欧亚非等国家的贸易合作程度将不断深入，联系将更加紧密，人民币的使用规模将不断扩大，人民币的外汇储备额也将不断增加，人民币的国际流通速度加快，这将增加人民币的投资和储备价值。越来越多“一带一路”沿线国家和地区的贸易用币值稳定、汇率波动幅度小的人民币进行结算。随着人民币结算和投资额的不断扩大，人民币的国际公信力将进一步提升，国际影响力也将进一步增大，这将进一步推动人民币国际化进程的加快。

（三）“一带一路”倡议为金融合作提供了新导向

随着“一带一路”的推进和金融市场要素一体化、多元化发展，以及离岸市场人民币计价债券的发行，沿线国家来中国境内市场发行人民币或外币债券，以银团贷款、银行授信等方式开展多边金融合作的情况日益增多。单一类型的金融体系、金融机制将无法满足“一带一路”巨量的资金需求，必须通过开发性、政府性和商业性的金融机构实现合作共享。作为金融市场的重要组成部分，票据业务可以充分利用支付结算、投资、融资等特性，在“一带一路”倡议实施和国际经济发展中发挥积极作用。

三、票据市场正处于变革创新的新时期

当前，我国票据市场发展进入新时代。2016年12月8日上海票据交易所成立，形成了具备票据交易、登记托管、清算结算、信息服务等多功能的全国统一票据交易平台。中国票据市场发展的深度、广度和效率不断提升，票据市场也出现了一些新的特点。

一是贴现后票据交易的全面电子化。票交所对贴现后纸票的电子化处理，实现了贴现后票据交易的全面电子化，不仅防范了纸票交易过程中的风险，还提高了票据交易的透明度。纸电融合第二阶段投产后，纸票和电票的交易统一整合到中国票据交易系统中来，使得纸票和电票的交易完全融为一体，基本没有差别，进一步提升了票据交易的电子化水平。

二是商业银行票据业务经营的集中化。随着票据交易电子化水平的提升，票据业务交易效率不断提高，原来票据市场全国分散、线上线下并存、纸电票分割的局面发生了彻底的改变，商业银行二级市场以往全国布局、分散经营的模式不再适应新形势的要求，取而代之的是经营权限的上收和经营机构的集中化趋势，从业人员更加精减和专业，业务效率大幅提高。

三是票据市场参与主体的多元化。票交所时代，票据市场参与主体从原来的银行类金融机构扩容至证券公司、基金公司等非银行类金融机构和非法人产品类主体。参与主体的多元化为票据市场注入了新的活力，丰富了票据市场的资金供给，交易的广度进一步提升，二级市场交易将更为活跃。

四是票据业务操作流程的精简化。自人民银行下发《关于规范和促进电子商业汇票业务发展的通知》以来，票据业务流程从电子票据贴现不审核合同发票、票据交易不提供跟单资料，到票据托收的线上无纸化、资金扣划的自动

化、转贴现不签订线下协议等多个方面，办理效率持续提高，在控制各环节风险的同时，提高了票据市场的流动性，降低了各方的交易成本。

“一带一路”倡议带动了沿线国家经济发展，也将带动区域间国际贸易繁荣，未来在“一带一路”倡议指引下，随着票据业务交易电子化、经营集中化、主体多元化和流程精简化的深入，票据的跨境创新运用也逐渐成为可能。以人民币计价的票据将逐步走向国际化，无论在生产、销售、贸易还是在流通、融资等环节都将发挥其积极作用，为“一带一路”国家和地区的基础设施建设、企业生产经营、物流贸易带来便利，也给票据业务国际化创新带来新的环境与无限机会。

四、工商银行票据业务支持“一带一路”建设的举措

工商银行一贯积极参与“一带一路”建设，票据业务也不例外。2018年全年，工商银行累计实现票据交易量32030亿元，同比增加5711亿元，增长22%。其中，办理贴现业务量10662亿元，同比增加2602亿元，增长32%，位居市场第一。在票据业务支持“一带一路”建设上，工商银行着重做好以下几项具体工作。

（一）在重点区域布局票据经营机构

为更好地支持国家“一带一路”建设，支持口岸企业扩大对外贸易，增强工商银行票据产品综合服务能力，工商银行加大了在“一带一路”沿线省市，特别是边境口岸布局票据经营机构的力度。例如，工商银行内蒙古分行在满洲里和二连浩特，新疆分行在霍尔果斯和喀什，云南分行在瑞丽和景洪等“一带一路”边境重点城市均开设了票据经营机构，并建立专门的跟踪服务机制，在票据规模、利率、资金配置等多方面给予优惠政策。截至2018年12月末，

工商银行在“一带一路”沿线18个省份共设置票据业务经营机构600个，占全行经营机构总数的57%，累计办理票据贴现业务4579亿元，占全行贴现总量的43%，票据融资余额1740亿元，占比49%，最大程度地支持了“一带一路”沿线地区实体经济的发展。

（二）加大对“走出去”企业的支持力度

工商银行结合“大票据”业务的落地推广，认真进行客户分类、筛选，积极对接“走出去”企业及其上下游供应链的票据融资需求，努力做好票据服务。一方面，重点支持“一带一路”龙头企业。例如，包钢（集团）钢材出口遍布美洲、亚洲、非洲以及大洋洲，在54个出口国家和地区中，“一带一路”沿线有21个。工商银行以票据承兑、贴现各环节为切入点，给予相关政策、价格的优惠，支持包钢钢材“走出去”，支持企业在更大范围、更广领域、更高层次参与国际经济合作与竞争。类似的企业还有陕西东岭工贸集团、西安迈科金属国际集团和甘肃白银公司、酒钢集团、金川公司等。另一方面，积极支持民营企业“走出去”。以福建为例，福建自古就是商贾云集之地，历史上与东南亚及世界各国均有频繁的贸易往来。近几年工商银行福建省分行累计通过票据业务支持民营企业70亿元左右，帮助民营企业“走出去”，与“21世纪海上丝绸之路”相关国家和地区互联互通，深度融入“一带一路”建设。

（三）支持重点行业与项目的发展

工商银行通过票据业务加大对“一带一路”沿线区域经济结构调整战略的支持，优先满足“一带一路”规划中的批发零售业、制造业、建筑业等六大类行业重点企业的融资需求，加大对交通运输、电网、核电等重点规划建设项目的贴现支持力度，重点支持了西宁特殊钢股份有限公司、黄河上游水电开发有限公司、柴达木循环经济区盐湖资源综合利用、宁德时代新能源科技股份有限公司等国家发展战略支持行业的融资需求。

（四）深入开展政银合作

工商银行十分重视与“一带一路”沿线当地政府相关职能部门的沟通协作，各主要省市分行指定专人对接所在地商务厅、发展改革委、海关等部门，第一时间获取外向型企业相关信息，梳理建立业务企业库和项目库，及时向有需要的企业推荐工商银行相关国际业务及票据融资业务产品。经过不懈努力，工商银行与“一带一路”沿线相关政府部门均建立了良好的沟通联络关系。政府相关部门第一时间通知工商银行区内外向型企业政策措施、发展规划、重大境外项目实施情况等信息，并向工商银行推荐有金融需求的企业及项目，促进工商银行与相关企业票据业务合作的开展。

（五）持续加强产品创新服务

为增强票据业务服务“一带一路”建设的能力，一方面，工商银行积极鼓励分行在当地监管机构的支持下开展票据业务创新。例如，工商银行深圳分行试点开办了票据资产的跨境转让业务，扩大了票据资产的投资人范围。另一方面，为进一步提高企业的融资效率，工商银行适时推出了“工银e贴”线上自助贴现产品。客户持有白名单内银行承兑的电子银票，可以在企业网银上自助申请贴现，资金实时到账，为企业客户提供便捷的贴现渠道，助推企业的经营发展。

工商银行致力于通过票据业务服务“一带一路”建设，利用工商银行在产品体系、线上服务、科技创新、网络布局等方面的优势，高效解决企业融资难、融资贵问题，切实满足“一带一路”企业融资需求。2013—2018年，工商银行“一带一路”各省份的票据贴现余额和贴现量分别增长了3.4倍和1.1倍，达到1740亿元和4579亿元，通过稳步推进“一带一路”倡议实施，有力地促进了当地实体经济的高质快速发展。

五、票据业务支持“一带一路”建设的相关建议

面对新形势，票据业务更加深入地参与“一带一路”沿线的金融服务仍然面临一些困难，需要票据市场的管理者和参与者一起，群策群力，共同开拓票据市场发展的新局面。

（一）建议加强跨境票据业务的顶层设计与规划

随着中国与“一带一路”沿线国家和地区合作的不断推进，涉及一系列出口贸易等融资需求。作为金融市场的重要组成部分，票据业务支付结算、投融资等优势还有进一步发挥的空间。建议在人民银行、银保监会、外汇局、银行业协会和票交所等各级机构的领导和支持下，进一步加强票据业务的顶层设计和规划。从制度层面明确票据业务服务跨境贸易与结算的合法地位，出台跨境票据出票、承兑、转让、贴现、转贴现等各类业务的操作指引，并基于票交所建立起统一的跨境人民币票据清算结算中心以及国际层面的跨境票据仲裁处理中心，为跨境票据业务提供制度保障和依据，推进票据业务在“一带一路”建设上更加广泛地应用和拓展，为人民币逐步实现区域化并最终实现国际化奠定基础。

（二）建议推动票据在“一带一路”经贸往来中的运用

从我国票据市场发展历程看，票据业务在服务我国经济金融改革发展、服务实体经济过程中，发挥了巨大的作用。在推进“一带一路”倡议实施过程中，发挥商业汇票服务“一带一路”沿线国家和地区的经济金融发展的作用，可以实施稳步推进策略。首先，在国际经贸往来中，鼓励以银行承兑汇票进行支付、融资，以此为突破口，通过利用银行信用保证，促进商业汇票在不同国

家和地区之间的流通，推动彼此间经贸往来。其次，在进一步完善社会信用体系的基础上，可以逐步提高商业承兑汇票的使用占比，在重点项目和产业中使用商票，充分发挥商业承兑汇票手续简便、出票成本低的优势，降低融资成本，提高融资效率，为“一带一路”建设提供全新的金融支持方案。

（三）建议持续推进票据业务的创新与合作

“一带一路”倡议的深入推进，势必会带动一大批战略性大项目，这些项目涉及国家数量多、主体范围广、金额总量大、结构类型复杂，对金融产品的跨市场、跨领域、专业化、集成化等都提出了很高的要求，因此必须加快推进金融产品和服务模式的创新，提升一揽子综合金融服务能力。在票据业务上，我们应当推动票据资产证券化、票据资管等业务创新，进一步降低企业贴现利率水平，切实支持实体经济发展。要加快票据估值创新，为票据市场创新公允价值管理，尽快推出票据期权、票据远期和票据互换等衍生产品，为市场参与主体提供更加丰富的工具选择，在降低各方风险水平的同时，增加经营获利渠道。

（四）建议加强对票据业务系统性风险的防控

票交所成立之后，传统纸票交易固有的伪假票据、保管传递、逆流程操作、清单交易等风险事件和案件得到有效控制，合规风险和操作风险逐步降低。但当前票据市场风险也正呈现新的特点，对防范票据业务的系统性风险提出了更高的要求。建议票交所利用大数据技术，跟踪交易数据，及时监测异常交易行为并向市场参与主体反馈，压缩违法违规交易的生存空间。监测市场交易价格，发现可能存在的风险；监控市场参与主体票据资产规模及资本金规模数据，利用不同主体“承兑余额/所有者权益”的实际倍率，监测不同时段的超量承兑行为，并定期向监管部门报送，营造更加有序的交易环境。

展望未来，工商银行希望与大家凝心聚力，促进票据业务变革出新；集思广议，深化票据业务务实合作；紧抓机遇，推动票据业务跨越发展；因势推动，加快票据业务创新增效。工商银行愿意在人民银行、银保监会、外汇局、银行业协会和票交所等各级机构的带领下，与大家携手，遵循开放共享的理念，共创“一带一路”票据合作的新篇章。

财报视角下的票据盈利驱动力研究

陈卫东　曾一村　凌　典[①]

在经济高质量发展、利率市场化、票据市场建设持续加快的背景下，金融机构票据业务竞争更趋激烈，而最终落脚点表现为票据盈利竞争。由于金融机构各项票据业务经营发展成果反映在财报各项目上，因此本文旨在从财报视角探究票据业务盈利的各类驱动力，对照各类驱动力在市场实务中的运行表现，分析当前市场条件下各类驱动力的挑战与机遇，并提出相应的经营对策与建议，以促进票据业务的价值创造和可持续发展。

一、财报视角下的票据盈利驱动力

（一）票据业务与财报的对应关系

金融机构票据业务可以分为资产负债表表内业务和表外业务。表内业务方面，资产业务主要包括含有信贷属性的贴现、转贴现业务和非信贷性质的买入返售、票据同业投资[②]业务，负债业务主要包括卖出回购、再贴现[③]业务等。表外业务主要包括承兑、贴现经纪业务等。

---

① 作者简介：陈卫东，男，中国农业银行票据营业部总裁；曾一村，男，中国农业银行票据营业部研究发展部总经理；凌典，男，中国农业银行票据营业部研究员。

② 指金融机构通过其他金融机构设立的资管计划等载体投资票据。

③ 本文仅讨论实务中的回购式再贴现业务。

上述业务经营成果将反映在利润表中，利润表的主要项目包括利息收入、利息支出（资金成本）、投资收益、表外业务收入等四大部分，扣除其他费用[①]后得到票据业务净利润。从各项目来看，利息收入主要是指贴现、转贴现、买入返售、票据同业投资等票据资产的利息；利息支出主要是指上述资产业务的资金成本，包括自有投入资金[②]成本和通过卖出回购、再贴现方式等借入的外部资金成本；投资收益[③]主要是指（转）贴现买入票据与转贴现卖出（或通过票据同业投资载体买卖票据）获得的票据差价收益（剔除票据持有期间的利息收入）；表外业务收入主要是指承兑手续费、贴现经纪佣金等。

（二）票据盈利驱动力的理论分解

笔者通过构建净利润率指标评价金融机构的票据业务盈利能力，该指标是指票据业务净利润与票据业务自有投入资金的比值，可衡量每单位票据业务自有投入资金获得的净利润。借鉴财务管理常用的杜邦分析法，可以对该指标进行分解，具体分解过程如以下公式：

$$
\begin{aligned}
\text{净利润率} &= \frac{\text{净利润}}{\text{自有投入资金}} \\
&= \frac{\text{净利润}}{\text{总资产}} \times \frac{\text{总资产}}{\text{自有投入资金}} \\
&= \frac{\text{利息收入} - \text{利息支出} + \text{投资收益} + \text{表外业务收入}}{\text{总资产}} \times \frac{\text{总资产}}{\text{信贷规模}} \times \frac{\text{信贷规模}}{\text{自有投入资金}} \\
&= \left(\frac{\text{净利息收入}}{\text{总资产}} + \frac{\text{投资收益}}{\text{总资产}} + \frac{\text{表外业务收入}}{\text{总资产}}\right) \times \text{规模杠杆乘数} \times \text{信贷杠杆乘数} \\
&= (\text{息差} + \text{交易业务收益率} + \text{表外业务收益率}) \times \text{规模杠杆乘数} \times \text{信贷杠杆乘数}
\end{aligned}
$$

① 为简化分析，本文不考虑业务管理费、资产减值损失、所得税费用等科目。

② 自有投入资金，是本文假设的且仅限定于某一评价期内，与卖出回购、再贴现等外部融资方式相对的虚拟概念，实际上自有投入资金的来源可以是股东资本、存款、同业拆借资金甚至是卖出回购票据、再贴现融入的资金，因为从动态眼光看，金融机构 t 时期通过卖出回购、再贴现融入的资金可能成为 $t+1$ 时期的自有投入资金。

③ 当前实务中票据交易差价的会计处理主要有三类，包括计入投资收益、其他业务收入、利息收入，本文假设交易差价均计入投资收益，对本文的理论分析无影响。

其中：1. 总资产是指评价期间包含贴现、转贴现、买入返售、票据同业投资在内的平均资产余额。

2. 总资产/自有投入资金是指杠杆乘数，杠杆乘数可分解为规模杠杆乘数（总资产/信贷规模）、信贷杠杆乘数（信贷规模/自有投入资金）两个因子，信贷规模是指金融机构给予票据（转）贴现业务的信贷额度。

3. 投资收益主要是指买卖票据的差价收益，等于平均交易价差×交易周转次数。

可以看出，票据业务盈利能力主要与四个驱动力因素相关：息差、交易业务收益率、表外业务收益率、杠杆乘数。息差是指票据资产利率与资金利息支出的差额；交易业务收益率是指买卖票据的差价收益与票据总资产的比值，主要与平均买卖价差和交易周转次数相关；表外业务收益率是指从每单位票据总资产视角衡量的表外业务收入；杠杆乘数可根据（转）贴现资产的信贷属性分解为规模杠杆乘数、信贷杠杆乘数两类因子，前者是指总资产与信贷规模的比值，衡量商业银行在给定的信贷规模条件下扩张票据总资产规模的能力，后者是指给定的信贷规模与自有投入资金的比值，衡量商业银行在给定的自有投入资金条件下，通过投入自有资金、借入外部资金配置占用信贷规模的（转）贴现资产的能力。

表1　票据业务盈利的四大驱动力

驱动力	解释
息差	主要是指票据资产收益率与对应资金利息支出的差额。
交易差价	主要是买卖票据赚取的交易差价，剔除票据持有期间的利息收入。
表外收入	主要是从每单位票据总资产视角衡量的表外业务收入。
杠杆	主要是衡量利用自有和外部资金配置票据资产的能力，杠杆乘数可分解为规模杠杆乘数和信贷杠杆乘数。

二、各类盈利驱动力的运行表现

（一）努力扩大业务息差

票据市场作为国内最早放开利率管制的金融子市场之一，其定价非常市场化，单个金融机构难以影响市场总体息差水平。在实践中，单个金融机构主要通过以下方法改善息差水平：一是在信用风险可控的情况下，适度下沉承兑人信用资质，买入更高利率的票据；二是根据不同期限条件下本行FTP与市场利率价差，合理选取买入票据期限，增大资产息差；三是加强定价精细化和差异化管理，通过提高报价频次，细分承兑人、交易对手分类进行区别定价等方式最大化息差；四是通过再贴现、择机开展卖出回购等方式融入低成本资金，节省资金利息支出。

（二）赚取票据交易差价

前已述及，投资收益可视为平均交易价差与交易周转次数的乘积。从过去票据交易情况来看，金融机构票据交易获利主要通过提高交易价差、加快交易周转或二者兼有的方式：提高交易价差主要是预测票据利率走势，判断利率下行幅度，并在预计下行幅度较大时加大买入量，待利率实际下行时择机卖出；加快交易周转，一类是直转贴模式，将贴现票据以固定点差加点后转贴现卖出，加大直转贴交易次数获利；另一类是中间型交易模式，在市场机构由于票据业务制度、名单准入、授信等情况造成交易摩擦时，介入该交易充当中间机构并收取固定点差，通过大量寻找此类机会获利。二者兼有方式主要是判断利率下行幅度，通过连续的波段交易增厚收益，或者利用票据市场部分参与者之间信息不对称形成的价格差异开展交易。

（三）拓展表外业务收入

票据表外业务主要分为两类：一类是传统承兑业务，能够获得承兑手续费等中间收入，吸收的保证金存款也可带来一定衍生收益，但该类业务资本占用较高、信用风险较大。另一类是新兴表外业务，例如近些年市场陆续兴起的代理保管、票据理财、企业票据资产证券化等业务，该类业务部分弥补了承兑业务的上述缺陷，具有更高的收益风险比。金融机构表外票据业务品种的日趋丰富，拓宽了表外业务创收渠道，增大了票据业务的综合贡献度。

（四）扩大票据杠杆乘数

扩大信贷杠杆乘数的主要逻辑是克服自有资金少的劣势，通过融入资金完成（转）贴现票据资产的配置。主要模式包括两类：第一类是表内杠杆，即利用卖出回购、再贴现等表内负债业务获得的资金买入更多票据资产，风险偏好较高的金融机构可循环操作；第二类是表外杠杆，例如金融机构通过即期卖出票据并将所得资金买入更多票据资产，同时承担远期买回的隐性负债义务，杠杆并未在资产负债表内体现，且存在一定合规风险。

扩大规模杠杆乘数的主要逻辑是突破信贷规模对票据业务的制约，扩展生息总资产规模，主要模式包括通过成立资管计划投资票据资产，或者大力发展非信贷性质的票据买入返售业务。

三、当前各类盈利驱动力的挑战与机遇

（一）息差整体趋于下降，息差管理条件有所改善

票交所时代，票据的线上化、高流动性等特征越发显著，近年来金融机构加大票据资产配置力度，市场票源竞争更趋激烈，伴随着利率市场化的深度推进，金融机构票据买入利率与对应资金成本的息差整体呈现下行趋势。未来随着央行持续推进利率并轨和新的市场参与者进入，预计票据资产的息差将继续下行。息差的下降将成为制约金融机构票据业务盈利能力的重要因素。

与此同时，当前市场出现了一些有利于金融机构息差管理的积极因素：一是票交所国股收益率曲线的正式推出以及城商收益率曲线、回购定盘利率的试运行，为票据市场价格提供了权威、准确、统一的信息，有助于金融机构业务定价；二是票交所场内票据回购短期交易活跃，金融机构融入外部资金的期限选择更为丰富，息差空间管理的灵活性增强；三是近年来结构性货币政策工具使用越发频繁，央行对再贴现的重视程度持续上升，再贴现利率常年处于2.25%的较低位置，有利于节约资金利息支出。

（二）交易差价呈现大幅萎缩，把握利率走势日趋重要

近年来，受各类因素影响，金融机构票据交易差价大幅萎缩。从交易周转次数来看，在强调防范化解金融风险、金融服务实体经济的背景下，票据业务监管政策持续趋严，以《关于开展银行业“违法、违规、违章”行为专项治理工作的通知》（银监办发〔2017〕45号）、《关于开展银行业“监管套利、空转套利、关联套利”专项治理工作的通知》（银监办发〔2017〕46号）（以下简称“三违反三套利”）为代表的监管文件剑指各项空转套利、监管套利，中间型交易模式合规风险加大，市场交易周转次数大幅下降；从交易价差来看，随着票据业务增值税新政自2018年起实施，转贴现开始被纳入征税环节，直转贴模式的平均价差明显缩窄；从二者综合来看，随着票交所持续建设，市场信息更加透明，基于信息不对称开展交易获利的机会大幅减少。

整体来看，通过加强投研团队建设，判断票据利率走势开展主动交易是未来金融机构获得交易差价的重要方向。票据市场的建设也为主动交易提供了基础性条件：一是票据收益率曲线的陆续推出有利于金融机构形成基于收益率曲线的交易策略；二是非银金融机构、非法人产品的持续加入有助于形成互补性的交易模式；三是未来票据衍生品的推出能够激发参与者的交易热情，同时形成新的盈利机会，如票据空头头寸的创设能够促使交易者在利率

上行时盈利。

（三）新型表外业务发展加快，表内外一体化趋势明显

传统承兑业务市场竞争激烈，收益较低。金融机构通过加快表外业务创新，强化表内外业务一体化运作，票据业务综合回报有效提升。例如，近期部分金融机构尝试开展贴现经纪、票付通等新兴表外业务，整合传统承兑贴现业务客户资源，同时突破其发展瓶颈，并培育了新客户群体和利润增长点。又如，部分金融机构通过开展企业票据资产证券化、标准化票据经纪等类投行业务，缓解了信贷规模有限、（转）贴现难等问题，帮助企业、其他金融机构利用票据获得融资，表外业务与表内（转）贴现等业务形成有效互补，提高了票据业务综合回报。未来票据市场或将出现投资咨询等新型表外业务，有利于提高金融机构票据业务表内外一体化发展水平。

（四）杠杆经营遭受一定限制，工具种类结构有待优化

随着我国健全货币政策和宏观审慎政策双支柱调控框架，票据杠杆经营受到较大影响。表内杠杆方面，从货币政策来看，按照央行“广义货币M2和社会融资规模增速要与国内生产总值名义增速相匹配”的要求，未来M2增速的放缓将制约金融机构票据资产扩张的空间；从MPA考核体系来看，该体系设定4%的杠杆率下限指标，并对包含票据（转）贴现、票据同业投资在内的广义信贷规模增速提出要求，同时明确包含卖出回购票据在内的同业负债不得超过总负债的三分之一；从《关于规范金融机构资产管理业务的指导意见》（银发〔2018〕106号）来看，资管产品不得直接投资商业银行信贷资产的规定增加了票据同业投资的合规风险，对资管产品的负债比例限制也制约了票据资管产品加杠杆的空间；从《商业银行流动性风险管理办法》（银保监会令2018年第3号）来看，流动性匹配率等新增监管指标旨在引导银行合理配置长期稳定负债、高流动性或短期资产，利用卖出回购资金买入票据，或

开展票据同业投资[①]的空间受限。表外杠杆方面，“三违反三套利”等文件将“‘假买断、假卖断’、附加回购承诺”等交易模式定性为违规，也限制了表外杠杆的操作空间。

但也应该看到，在杠杆面临限制的情况下，未来通过优化杠杆工具的种类和结构能够发挥一定作用。从工具种类来说，未来票据市场或推出各类票据衍生品，衍生品内嵌杠杆，是金融市场最常见的高杠杆工具；从工具结构来说，更多通过再贴现而非卖出回购融入资金并不受同业负债额度的限制，同时也有助于改善流动性匹配率等监管指标，随着近年来央行再贴现再贷款等结构性货币政策工具的广泛使用，以及票交所再贴现系统的不断建设完善，预计未来金融机构再贴现业务空间广阔。

四、经营对策与建议

（一）合理统筹资产负债，提升定价管理水平

有效的资产负债管理是提升盈利水平的重要途径。在资产端，在信贷额度内优化调整贴现、转贴现的配置比例，更加注重盈利能力强的贴现业务，探索与非银机构开展转贴现和买入返售业务。在负债端，通过再贴现、卖出回购等吸收低息资金。同时，加强资产负债联动，通过贴现扩大再贴现业务潜力，探索利用票据衍生品对票据资产进行套期保值，在风险可控前提下通过再贴现、卖出回购、衍生品等适度增加杠杆。在定价上，充分借助票交所各类票据转贴现收益率曲线、回购定盘利率、历史成交价格等信息，参考承兑人、交易对手等信用情况变化，合理确定业务定价，提升息差水平。

① 按照《商业银行流动性风险管理办法》（银保监会令 2018 年第 3 号）规定，流动性匹配率 = 加权资金来源 / 加权资金运用 ×100%，最低监管标准为不低于 100%。在加权资金来源的计算中，以 3 个月内到期负债为例，同业拆入及卖出回购的折算率为 0、各项存款为 50%、来自中央银行的资金（含再贴现）为 70%。在加权资金运用的计算中，以 3 个月内到期资产为例，各项贷款的折算率为 30%、其他投资（含票据同业投资）为 100%。

（二）大力推进业务创新，推动表内外联动发展

推进业务创新，借助金融科技前沿技术，进一步提高票据承兑、贴现等业务效率，拓展业务规模与客户资源。根据交易所时代票据市场发展趋势，探索开展表外业务，例如投行、代理经纪、投资咨询等业务。同时，注重表内外业务的联动发展，例如通过加快贴现业务发展以拓展承兑、贴现经纪、标准化票据经纪等业务，强化各类业务资源的整合优化，不断提升业务联动水平。

（三）强化业务流量经营，重视开展交易性业务

以量补价、加快票据周转能够有效提升盈利能力。顺应票据回购短期化趋势，加大回购业务拓展，参照银行间债券回购市场非银、非法人产品是卖出回购融资主力的经验，探索与非银机构、非法人产品开展回购交易，大力挖掘回购业务潜力。积极探索票据业务一体化经营，构建分支机构经营承兑贴现、总行集中开展二级市场交易的流程顺畅、运转高效的运作模式。同时积极参与标准化票据业务，缓解信贷额度制约，加快票据资产周转，提升盈利水平。此外，积极开展主动交易业务，研判预测利率走势并合理摆布资产久期，强化对收益率曲线及其期限价差、信用价差的走势规律研究，探索基于收益率曲线策略的主动交易模式。

参考文献

[1] 财政部 . 企业会计准则（合订本）[M]. 北京：经济科学出版社，2017.

[2] 斯蒂芬 A. 罗斯，伦道夫 W. 威斯特菲尔德等 . 公司理财 [M]. 北京：机械工业出版社，2018.

[3] 楼文龙 . 中国商业银行资产负债管理——利率市场化背景下的探索与实践 [M]. 北京：中国金融出版社，2016.

关于创新开展票据跨境支付业务的设想和建议

黄 斌 林竹青 李 妍[①]

[摘要] 上海票据交易所（以下简称票交所）的建设完善为票据跨境支付提供了基础设施保障，票据跨境支付迎来了重大发展机遇。与常用的国际结算产品相比，票据具有更安全便捷、支付期限更长、成本更低、信息更透明、二级市场更完善等优点，未来可通过完善票据跨境支付的顶层设计、加强风险防范体系建设、借助金融科技等手段，采取分步走的方式推广票据跨境支付的应用场景。

近年来，我国对外开放的领域不断拓展，“一带一路”建设全面推进，从制造领域开放到服务领域开放，从沿海开放到内陆沿边开放，从“引进来”为主到“引进来”与“走出去”并重，形成了多层次、全方位、宽领域的开放格局。随着我国企业和境外企业商贸往来的日益频繁，票据作为企业重要的支付结算与融资工具，即将迎来新的广阔市场。

① 作者简介：黄斌，男，招商银行票据业务部总经理；林竹青，女，招商银行票据业务部研究员；李妍，女，现就职于招商银行大连分行。

一、票据跨境支付结算迎来重大发展机遇

（一）对外开放和人民币国际化为票据跨境支付创造了发展契机

2019年以来，面对复杂多变的国内外环境，我国深化改革、扩大开放的步伐不断加快。其中，金融对外开放的节奏和力度尤为引人注目。中央密集发布了“新十一条”[①]、支持深圳建设中国特色社会主义先行示范区、支持临港成为上海自贸试验区等多个旨在深化金融对外开放的重磅政策。金融开放离不开人民币国际化的支持，扩大人民币在支付结算、融资投资等经济金融活动中的使用范围将为“走出去”企业资金流转、化解汇率风险创造更便利的条件。票据作为中国特色的企业人民币结算工具，在政策大力助推人民币国际化的背景下，将迎来重大发展机遇。

（二）“一带一路”建设为票据跨境支付带来了广阔市场

截至2019年7月底，我国已同136个国家和地区以及30个国际组织签署相关合作协议；与沿线国家货物贸易总额累计超过6万亿美元；对沿线国家直接投资超过900亿美元；在沿线国家新签对外承包工程合同额超过6000亿美元[②]。在日益繁荣的双边贸易和投资活动中，我国和沿线国家企业的支付结算需求更加旺盛，票据作为企业重要的支付结算工具，有很多应用场景。

（三）票交所为票据跨境支付提供了基础设施保障

票交所目前已实现纸票电子化流转和纸电票交易系统融合，票据签发、承兑、贴现、交易、结算等全生命周期流转均可在票交所系统实现。随着票据

① 国务院金融稳定发展委员会发布《关于进一步扩大金融业对外开放的有关举措》，简称“新十一条”。

② 数据来源：中国“一带一路”网。

市场基础设施和制度建设的不断改进完善，票据已具备跨境支付结算的基本条件。商业银行境外分支机构或外资银行可以连接票交所系统，“一带一路”沿线国家和地区的企业或其他跨境企业，可在接入票交所系统的银行机构开通企业网银，签发票据用于支付结算。

二、推动票据跨境支付结算的战略意义

（一）推动人民币国际化进程和“一带一路”建设

一方面，人民币计价的票据在境外国家和地区的使用，可以提升人民币支付的市场份额和人民币国际化服务水平，逐步扩大人民币的国际影响力，人民币计价票据被境外企业接受的背后是境外企业对人民币国际地位的认可。另一方面，票据可以帮助“一带一路”中的企业实现远期支付，减少现金占用，提高经营效率，密切上下游关系，解决企业相互不信任的问题，扩大企业生产销售和商贸往来，为“一带一路”企业的发展壮大提供金融支持。

（二）增强我国商业银行在境外金融市场的影响力

我国商业银行在境外建立的分支行或办事机构越来越多，但目前经营仍以传统存、贷、汇业务为主，业务规模较小，境外客户有限，在业务创新方面与发达国家银行存在较大差距，在当地市场的影响力较弱。使用票据进行跨境支付结算，率先在中资企业境外单位中推广使用，并通过票据支付结算功能连接与境外企业的商贸关系，可以吸引更多境外企业到中资银行境外分支机构开户，这些银行机构可进一步通过票据支付结算和境外企业建立良好的合作关系，进一步开展其他方面的业务合作，为境外企业提供更多金融服务，逐步提升中资企业、中资银行在境外市场的影响力。更重要的是，支持并扩大使用票据作为支付结算工具，提升票交所在跨境支付中的主导地位，有助于我国在SWIFT等国际合作组织外建立起新的组织形式，以支持我国企

业在境外的商贸活动，保障贸易支付安全，减少他国霸权主义在支付领域的干扰。

（三）为国际金融市场创新作出中国贡献

我国的票据以银行承兑汇票为主，是为解决企业间支付结算问题而创设的，与国际上流行的商业票据（融资为主）有很大区别。票据是具有中国特色的金融支付产品，与目前通用的其他国际结算工具相比具有安全便捷、期限长且成本低、信息透明易监管等比较优势。因此，发展票据跨境支付业务，能为保障跨境企业支付安全作出独有的中国贡献。

三、票据在跨境支付领域的比较优势

目前，常用的国际结算产品有信用证、进出口T/T押汇、进出口保理等，与这些工具相比票据具有以下优势。

（一）票据跨境支付更安全、便捷

目前，电子票据在承兑、贴现环节的占比已经高达95%以上。电子票据从签发、承兑、背书、贴现到交易、托收等环节的所有信息都电子化存储在系统中，有标准化格式，全生命周期信息透明。国际信用证等结算工具多为纸质和非标准格式，很难实现全生命周期的电子化记录储存，以纸质形式流转又容易丢失、损害、被盗、被篡改等，安全性较差。同时，从流程上看，票据签发、背书转让均在系统中操作，完成一次背书只需几分钟，且在企业间可多次背书转让，在产业链进行流转，而信用证讲究“单单一致、单证相符”，需要审核贸易背景、单证要素，不能在不同企业间多次背书转让，支付交互信息在出口企业、出口企业开户行、进口企业、进口企业开户行等机构之间依次传递，过程耗时较长，给企业带来很多不便。

（二）延期支付期限更长，成本更低

传统国际结算产品融资期限一般控制在180天以内，而电子商业汇票目前最长期限可达1年，是传统期限的两倍，用票据支付可以减少企业开证（票）次数，减少手续费支出。票据通过为开票企业提供更长的账期，减少企业转账汇款次数，减轻企业资金周转压力，方便企业扩大经营生产。

（三）信息透明，更易被监管

目前票据业务已建立较完善的市场基础设施、业务系统和制度规则，有《票据法》作保证，无论是政策环境、市场运行，还是信息披露、数据监测等都具备良好的环境和条件。票交所拥有票据全生命周期、全流程和全参与主体的信息，可以为境内、境外监管机构提供必要的数据信息，满足监管对票据跨境支付结算的合理要求。

（四）完善的二级市场，融资方便、价格低

相对于国际信用证等具有远期信用的跨境支付工具，票据拥有发达完善的二级市场。持票人可随时将票据贴现，办理手续简单，无须进行贸易背景审查。同时与福费廷等比较起来，价格具有明显优势，为支持跨境企业融资提供便利。

（五）人民币结算，促进人民币国际化

国际信用证通常采用外币结算，少量使用人民币结算的信用证多见于关联企业、国有企业、深港企业之间，运用不常见。推动票据作为重要的跨境人民币支付产品，将有利于促进人民币国际化进程。

表1　企业常用国际结算工具与票据的比较

结算工具	产品定义	产品分类	产品优势	定价	流程	远期信用
跨境票据	进口企业通过在开户行申请开立商业汇票，用于支付卖方货款的业务	直接支付票据 跟单支付票据	安全便捷、成本低、风险低、费用低、增强信用、授信开票	较低	简单	有
进口开证	根据进口企业申请，落实足额担保条件后或在给予客户的授信额度内，对外开出信用证，并且在收到符合信用证条款的单据后，履行信用证项下付款责任的业务	即期信用证/远期信用证 即期付款信用证/延期付款信用证/承兑信用证/议付信用证 可转让信用证/不可转让信用证	增强信用、收货有保证、接受程度高、授信开证	高	复杂	有
进口代收	收到国外托收行寄交的托收单据后，向国内进口商提示，并要求其付款或承兑赎单的业务	付款放单（D/P） 承兑放单（D/A）	贸易结算、较信用证方式费用较少	较高	较复杂	有
出口托收	委托人凭附有商业单据的金融单据（一般为汇票），或仅凭商业单据，委托并通过银行寄送商业单据至进口商银行，从而向付款人收取款项的托收方式	付款交单（D/P） 承兑交单（D/A）	贸易结算、较信用证方式费用较少、收款便利	较高	较复杂	有
汇出汇款	银行应汇款人（付款人）委托，以一定的方式，将一定的金额通过代理行，将款项付给收款人的一种国际结算方式	电汇（T/T） 信汇（M/T） 票汇（D/D）	多币种基础结算、安全可靠、网上操作更便利、代理行网络广泛	低	简单	无
汇入汇款	受汇出行委托，将收到的款项解付给收款人的业务	根据汇款人所在地区的不同，分为国内汇入汇款和国际汇入汇款	基础结算、无须承担额外成本、可满足客户特定需求	低	简单	无

四、推动票据跨境支付发展的机制建设

（一）完善票据跨境支付的顶层设计

在法律层面，从国内法角度看，《票据法》明确允许“涉外票据”的签发和使用，并对票据形式、票据行为、票据追索权、票据权利保全的准据法适用作出规定，为跨境票据支付奠定了基础。从国际法角度看，《联合国国际货物

销售合同公约》（CISG）、《国际商事合同通则》（PICC）是当前国际商事活动的重要法律参考蓝本，前述文件均未对国际贸易中以票据作为支付手段作出禁止性规定，并给予了合同当事人充分的选择空间，因此票据具备“走出去”的法律基础。

在监管政策层面，目前《票据管理实施办法》明确规定“在中华人民共和国境内的票据管理，适用本办法”，将境外票据支付领域排除在外。随着我国对外开放的深化和市场经济的发展，票据适用场景增多，特别是跨境支付领域的运用条件已经成熟，过去的管理办法已不适用现阶段业务具体的情况，应适时对该规定进行修改。在补充修订《票据管理实施办法》适用条款前，监管机构应制定出台关于票据跨境支付的特别规定，比如对票据跨境支付的准据法和纠纷解决机构作出适当指引，以解决目前跨境票据法律依据不足的问题。同时，政府相关部门应积极出台政策措施，鼓励中资企业在对外商贸中优先使用票据进行支付结算。

在系统平台层面，研究建立企业间票据流转的全国统一、标准的系统平台，以及该平台与其他国际清算组织的互联互通机制；海关总署、商务部等相关部门应商议建立票据参与跨境支付的总方案；票交所应组织制定境外金融机构和企业接入票交所系统、使用票据进行跨境支付结算的相关管理要求，为票据跨境支付提供良好的法律政策环境和应用平台。

（二）逐步推广票据跨境支付的应用场景

首先，应同步发展票据支付结算和融资功能。支付结算功能是票据的基本功能，又有《票据法》作为法律保障，更容易在境外市场推广应用。同时，融资功能是票据区别于其他跨境结算工具的重大优势，开票企业可将票据作为远期信用工具，持票企业可在中资银行境外机构贴现，通过发挥票据的融资功能，紧跟国际市场发展趋势，提升票据服务实体经济的能力。

其次，应稳妥推进票据跨境支付试点。第一，先银票后商票。因为银票有较高信用和更大市场，有专门法律保证，比国际信用证和其他支付工具更有优势，境外企业更容易接受。银票推广成熟后，再逐步推广商票跨境支付应用，可率先选择一些大型企业作为试点，然后由点及面推广至其他跨境企业或外资企业。第二，先直接支付再跟单支付。在贸易跨境支付方面，T/T占据较大份额，直接支付票据可作为替代和补充；在贸易融资方面，国际信用证是较为盛行的模式，跟单支付票据可作为替代和补充。票据直接支付方式无需银行参与，多用于较为熟悉的贸易双方，企业之间通过贸易自行背书转让票据，流程简单快捷，更容易迅速打开市场。之后可推进跟单票据支付方式，票据的支付需要票交所的参与，出口方需要提供相关跟单材料才能取得票据，解决了由于贸易双方不了解造成的支付信任问题，同时能避免货到不付款或付款不发货等现象的发生，更好地保证进出口双方权利。第三，先两头中资企业后境外企业。初期可选择境内付款方和境外收款方都是我国大型国有企业及中资控股企业开展试点。中资企业对我国的法律、金融环境相对熟悉，对票据的支付结算功能较了解，收付款两边都选择中资企业开始试点，推广阻力相对较小且可以减少前期的沟通成本。同时，大型国有企业结算量大、信用好、管理规范，可以通过其海外影响力让产业链上其他境外企业认识到使用中国票据进行跨境支付的好处，为后期扩大推广创造有利条件。第四，先香港后其他离岸人民币中心。优先选择离岸人民币中心进行推广，离岸人民币中心经济制度和国内更加契合、金融环境对人民币的支持更加到位，人民币在该地区使用较普及，以人民币计价的票据支付结算工具更容易推广。众多离岸人民币中心城市中，香港是首选城市：一方面，香港是全球第三大金融中心，也是重要的国际金融、贸易、航运中心和国际创新科技中心，经济金融高度发达，金融创新比较活跃，人民币国际化程度较高。另一方面，香港是我国特别行政区，在香港有大量的中资企业，应用场景较多，推广更方便，同时香港与内地交流频繁、关系紧密，在推广过程中更容易管理、监测和控制风险。

（三）加强票据跨境支付的风险防范体系建设

在“走出去”过程中，以人民币计价的票据必然会受人民币汇率波动的影响，人民币汇率波动带来的风险可能会降低境外企业对票据支付工具的接受度。为此，要加强票据市场风险防范体系建设，创新票据风险管理工具，加快票据套期保值、违约互换等衍生产品研发运用，帮助企业锁定远期利率，减小汇率波动带来的风险，增强境外企业使用票据的信心。

（四）借助金融科技提升企业支付体验

研究运用区块链技术构建跨境企业在票据支付和背书流转中的互联互通平台，解决企业间信息不透明、不对称问题，提升票据在跨境支付中的公信力。借助金融科技和系统改造解决票据分拆问题，实现票据的可等分和标准化，以提升票据支付的场景适应性。进一步完善“票据+现金”支付在电商企业中的运用方案，在全网范围内提供货票兑付的可靠支付功能，统一线上票据支付接口，实现企业一站式便捷操作，满足B2B平台互联网支付需求，打造“互联网+票据”发展模式。

总之，票据市场在对外开放和人民币国际化的大背景下，在票交所完善的基础设施建设下，将有条件、有实力迈出国门，走向世界，为境内外企业的跨境支付贡献“中国智慧”。

中国票据市场的三次革命

李明昌　汪武超　林竹青[①]

[摘要] 2016年以来，以票据电子化和互联网化为起点，我国票据市场经历过并正在经历从转贴现、贴现到承兑的三次重要“革命”。本文总结了票据转贴现、贴现、承兑市场三次革命的发展状况和特征，并在此基础上探究票据市场发展的新路径、新模式和新趋势。

票据市场革命的基础是票据电子化和互联网化。上海票据交易所（以下简称票交所）成立后，电子票据业务快速发展，2019年承兑环节电子票据占比95%以上，商业银行票据资产中的电子票据占比超过99%，票据市场整体电子化水平显著提高。同时，随着信息科技与互联网的快速发展，票据市场涌现出以票交所平台为主，商业银行网银和手机APP平台、“贴现通”经纪业务平台、民间票据信息服务平台为辅的服务渠道和模式，由此引领票据交易、信息获取和风险防范新的发展趋势。

① 作者简介：李明昌，男，副教授，招商银行总行票据经纪业务部总经理；汪武超，男，招商银行总行票据业务部风险管理团队主管；林竹青，女，研究员，现就职于招商银行总行票据业务部。

以票据电子化和互联网化为起点，传统票据业务模式逐渐被颠覆，票据市场的现在和未来正在发生或即将发生历史性的革命。

一、第一次革命：转贴现业务革命

（一）标志和特征

票据市场的第一次革命是转贴现业务的革命，是交易市场的颠覆式创新，主要以2016年12月8日票交所成立为标志。转贴现业务革命成功实现了票据交易的“四化”转变。

一是场外交易场内化。票交所成立以前，票据市场没有全国集中的交易平台，主要是分散、分割的场外市场。票交所平台实现了纸票电子化处理，将原来的场外分散交易转向场内集中交易。截至2019年10月10日，票交所会员机构达2868家，系统参与者达95764个，几乎覆盖了票据市场所有参与主体。同时，票交所纸票系统与人民银行电子商业汇票系统（ECDS）的完全融合和交易规则统一，使得会员机构和票交所之间真正实现系统的无缝对接，从出票、承兑、背书转让、质押、贴现、交易到托收兑付，所有环节都在票交所系统进行操作和信息登记，交易报价信息在票交所系统充分展示，票交所发布的首条票据市场收益率曲线成为交易定价基准，实质上全国统一的票据市场和场内交易模式已经形成，这也有效降低了业务风险，提升了交易效率。

二是线下交易线上化。在以纸质票据为主的时代，票据交易清算多采用线下模式，即票据权利转让和资金清算未同时进行，在交易过程中，“背飞”（票付钱未到）和“打飞”（钱付票未到）的风险事件屡见报端，给广大企业带来困扰和对使用票据的担忧，给票据市场发展一度造成极大负面影响。票交所成立后，创新了票款兑付（DvP）模式，从会员机构法人备付金账户进行总对总实时线上清算，DvP清算模式真正实现“一手交钱、一手交票”，能够保障交易资金的清算安全，规范市场行为，逐步把“倒打款”“逆流程”等不规范的交易行为淘汰出局，明显降低了票据市场整体风险尤其是操作风险。

三是分散交易集中化。过去，很多银行的贴现、转贴现业务都分散在分支行操作，这种分散的交易管理造成了信息不对称、区域市场割裂，也加大了风险管理的难度。2014年人民银行发布的《关于规范金融机构同业业务的通知》（银发〔2014〕127号）及原银监会发布的《关于规范商业银行同业业务治理的通知》（银监办发〔2014〕140号），都要求商业银行实行同业业务专营制。票交所成立后，越来越多的银行开始实行集中专营模式，以充分发挥集约化经营的成本优势、规模优势和总部决策优势。目前，同业机构集中专营的模式主要有四类：第一类是全部由总行集中经营转贴现/回购、非标投资等交易类业务，第二类是票据金融事业部模式，第三类是总部+区域分部的模式，第四类是差异化授权经营模式。尽管各商业银行的改革力度差异导致同时存在上述四种程度不同的交易模式，但从分散到集中的趋势无疑是比较明显的。

四是交易主体多元化。长期以来，票据市场作为短期融资的场所，交易主体仅限于银行类金融机构（含信用社）和财务公司，市场参与主体类别单一，需求趋同导致同向交易明显，在特殊时点对票据市场利率造成剧烈波动，以致给商业银行造成交易损失。2016年12月5日，中国人民银行在票交所成立前夕颁布了《票据交易管理办法》（中国人民银行令〔2016〕第29号），明确规定票据市场的参与者包括法人类机构和非法人类产品，包括但不限于商业银行、财务公司、证券公司、基金公司、保险公司以及资管计划等。票交所成立后，各类符合规定的金融机构和资管产品相继进入票据市场，除了传统的中资商业银行和财务公司外，以农业发展银行为代表的政策性银行，以汇丰银行、东亚银行、富邦华一银行等为代表的外资银行，以华泰资管、山西证券、浦银安盛基金等为代表的非银金融机构及其成立的资管计划产品不断增多，规模持续扩大，票据交易市场呈现多层次、多元化、更活跃的特征。

（二）未来转贴现业务发展趋势

未来，随着票交所基础设施的发展以及产品与交易的规范创新，预期票据市场将朝着资产标准化和交易智能化、高频化、短期化、衍生化的方向发展。

一方面，票据资产标准化是大趋势。票据是企业之间标准化程度较高的支付结算工具，随着票交所基础设施不断健全完善，票据市场已具备信息充分披露、集中交易、独立托管、公允定价、在国务院批准同意设立的交易市场交易等特点。根据资管新规的规定，票据仅需解决可等分问题，便能全部满足标准化债权类资产的定义条款。

从技术上可通过票据拆分实现票据的等分化，票据拆分包括金额和权利两个维度：金额拆分可在一级市场的开票承兑环节直接作等分化要求，约定每张票据以固定金额（如100元）为基本发行单位；也可在二级市场的交易环节作等分化改造，约定每笔交易以固定金额为基本交易单位。权利拆分则需修改票据法规，补充相应条款，以明确票据拆分的规定和拆分票据后票据权利的可保障性，相对前者难度更大。未来，拆分方式可考虑在票据签发环节建立拆分基础，在支付环节进行灵活拆分，具体是指签发环节在票据编号的基础上增加票据号段标识，支付环节根据企业支付结算需求随时拆分，如此既可解决系统承载能力问题，又可保障票据法律关系清晰且不影响后续票据流转；既不影响企业出票习惯和便利性，又能满足企业支付结算的灵活需求。票据实现拆分等分后，可为未来票据资产标准化的认定奠定良好的基础。

实际上，在票据资产实现全市场标准化之前，票据市场也在积极探索其他方式实现部分票据资产的标准化，比如近期票交所创设发行的标准化票据便是具有代表性的积极尝试。2019年8月20日，票交所成功创设了“2019年第1期标准化票据”，受到了市场的广泛关注，参与的投资机构类型覆盖股份制商业银行、城商行、农商行及基金管理公司。标准化票据的问世，有助于解决中小金融机构的流动性问题，持续提升票据市场服务实体经济的能力，推动票据市场规范健康发展，是票据市场全面实现标准化的过渡举措。

推行票据资产标准化，势必会吸引更多的参与机构和资金，促进票据市场交易更加活跃，在宽松的货币政策支持下，票据利率波动中枢将会下移，波动率变小，企业通过票据进行结算融资的成本更低，票据服务实体经济的能力增强，因此票据标准化是大势所趋。

另一方面，票据交易将呈现短期化、高频化、智能化和衍生化特点。一是交易短期化。票交所时代，系统操作和电票交易的效率优势十分明显，在票交所DvP交割、T+0清算、资金从大额支付系统备付金账户点对点划拨等制度安排下，金融机构内生的错配、杠杆交易需求会驱动票据回购交易短期化。统计显示，债券质押式回购业务中，隔夜、7天期品种的短期回购交易量占比合计高达90%以上，隔夜回购占比高达85%。票交所新时期，票据市场发展有望向债券市场并行和趋同，在金融机构负债短期化需求驱动下，隔夜、7天期限的短期资金交易量占比始终处于高位，票据作为金融机构间的短期融资工具，也将表现出这一特点。二是交易高频化。交易短期化必然导致高频化，过去单张票据到期前的平均交易次数只有2~3次，未来凭借票据T+0交易清算的机制优势，票据交易将会呈现高频化的特点，市场转贴现量级将会提升到百万亿级别。三是交易智能化。丰富的数据、先进的技术、有效的策略是模型化、智能化交易的必要条件，未来票交所积累的海量票据信息和高频交易数据，可以为程序化交易模型的研发提供很好的数据基础。商业银行可以与金融科技公司合作，也可以依靠自身技术力量，采用数据挖掘、量化模型、FinTech、人工智能等先进手段，按照不同的交易目标和策略，比如期限策略、信用策略、收益率策略、套利策略等，开发交易模型，通过直连系统在票交所平台实现自动化、程序化交易，并通过相关系统实时监测、控制市场风险。四是交易衍生化。未来票据市场利率风险和中小银行信用风险管理的难度更大，加上信贷规模调控不确定性也会带来市场波动的机会，商业银行创新开展票据衍生品交易，可以有效经营和防控利率风险及信用风险，并培育新的利润增长点，比如利率互换、票据期货、票据指数期货、票据期权、票据信用违约互换等衍生品交易。此外，票据市场广义的衍生业务还包括信用评级、保证增信等领域。

二、第二次革命：贴现业务革命

（一）标志和特征

票据市场的第二次革命是票据贴现业务的革命，以票据经纪业务的出现为标志。贴现业务革命有效解决了中小企业融资难、融资贵的问题。

经纪业务是指受托代他人经营金融活动的中间业务，如委托业务、代理业务、咨询业务等。票据经纪业务则是指由经纪机构作为中间人，向票据买卖双方提供交易信息，并撮合买卖双方达成交易的业务。目前票据经纪业务主要集中在贴现及贴现前的市场，主要分为银行与企业、企业与企业之间的贴现经纪业务。

银行与企业之间的贴现经纪业务，以“贴现通”平台为代表。“贴现通”是票交所主导创新的、由银行作为票据经纪机构、为持票企业提供贴现信息咨询与撮合的票据经纪服务，目前已有5家机构试点开展“贴现通”经纪业务，业务开展较为顺利。在“贴现通”平台成立之前，小企业、小承兑行、小面额、短期限的“三小一短”票据面临贴现难、贴现贵的问题。“贴现通”平台的出现，解决了银企之间信息不对称的问题，实现票据贴现市场信息共享，提高银行直贴报价透明度，拓宽民营和小微企业融资渠道，降低其融资成本。“贴现通”平台的出现，使得贴现模式发生了三大转变：一是票据贴现全面实现柜台化向线上化转变，企业通过银行网银提交贴现申请，银行签收票据并完成自动放款，全部贴现流程无需客户临柜。二是票据贴现询价由“一对一”向“一对多”转变，通过“贴现通”平台，持票企业的融资需求可向全市场“广播”，加入“贴现通”的机构均可进行应答，显著提高了贴现询价的成交效率。三是商业银行由线下获客模式向平台获客模式转变，通过接通其他贴现信息服务平台，可以实现客户引流，降低了贴现经纪机构的获客成本。

企业与企业之间的贴现经纪业务，以各民间票据信息科技有限公司(以下称为民间票据平台)为代表。催生民间票据平台快速发展的原因主要有三点：一是企业之间的票据交易量巨大，2018年票据全市场贴现与承兑的量比为54%，意味着接近一半的票据未进入银行机构，而在企业之间进行背书流转。2018年企业之间的背书交易量高达56万亿元，远高于银企间约10万亿元的交易量。二是企业与企业之间票据流转简单便捷，无需真实贸易背景为基础，仅需简单背书即可实现转让。三是银行与企业之间票据流转和信息传递仍不完全顺畅，主要是囿于传统用票习惯和银行准入门槛较高、贸易背景资料审查等因素，部分持票小微企业仍优先选择民间票据平台进行融资。因此，民间票据平台客观存在，且发展较快，在票据市场承担了部分信息传递、撮合功能，经营规范的民间票据平台切实为中小企业提供了融资便利，解决了“三小一短”票据、无贸易背景票据的贴现问题，具有速度快、不挑票的优势，深耕企业与企业之间的背书转让市场，填补了经纪业务的空白。目前，已有普兰金融、同城票据网、深度票据网、找票网、汇票栈等超过30家机构活跃在各区域票据市场，每天交易量100亿元左右，为企业之间的票据便捷背书转让提供信息与撮合服务。

（二）未来贴现业务发展趋势

尽管“贴现通”和民间票据平台理论上解决了银企之间和企企之间的信息不对称问题，但在实践过程中仍存在较多问题和梗阻。“贴现通”目前受限于异地贴现、不开户贴现、贸易背景审查等监管限制，无法实现真正的跨行在线秒贴，降低了服务效率，且由于目前“贴现通”未实现申请企业和贴现机构的信息隔离，经纪机构面临客户流失的风险，因此经纪机构参与或服务意愿不高。而民间票据平台则由于处于监管真空地带，始终无法规范化、阳光化，面临进退两难的困境：一方面是由于监管缺位，缺少方向性、规范性指引和制度参考，导致民间票据平台各行其是，发展不规范；另一方面则是由于其合法地位一直未被监管认可，即便是规范发展的民间票据平台也在边做边看、徘徊观望，难以真正扩大规模。

下一步，可通过提升“贴现通”和民间票据平台服务能力促进贴现业务的变革发展。一方面是提升“贴现通”服务银企之间的能力。首先，要消除贴现企业开户、贸易背景审查、贴现企业授信等严重阻碍“贴现通”发展的不利因素。其次，应进一步完善平台报价方式，按照承兑行的不同可细分为不同的报价平台，如国股板块、大商板块、城商板块、农商板块、财司板块等，持票企业和银行分别根据票据类型在对应板块进行报价挂牌与询价成交，并按照“价格优先，时间优先”的原则建立自动撮合机制。会员可登录“贴现通”平台查看板块报价，保障贴现价格公开透明，企业在任意时点均可获得最低融资利率。另一方面是提升民间票据交易平台的服务能力、降低其业务开展风险。这需要监管部门的合理引导，首先要正确认识民间票据平台客观存在的现实及其合理性，以疏导为主，引导民间票据平台规范化、阳光化发展，比如监管部门可颁布经纪业务牌照，立法层面允许民间资本开展票据经纪业务，管理层面提高民间票据平台的准入门槛，清理资质不良、资信不好、管理能力弱、风控水平不足的机构，保留一些经营合规、资质优良的平台，使其为企业间票据直接融资提供便利，提升民间票据平台服务实体经济的能力，切实缓解中小微企业融资难、融资贵的问题。

围绕票交所，未来要逐步建立涵盖“贴现通”平台、民间票据平台、地方政府批设的票据交易中心、区域金融资产交易所等多层次、多区域的银银、银企和企企之间的转让市场。随着试点银行服务水平的提高，以及民间票据平台的加入，票据经纪业务竞争将不断加剧，企业票据贴现传统询价壁垒将会彻底打破，最终实现任何企业的任何票据都可以向任何贴现行询价，为持票企业提供市场最优成本的融资。

三、第三次革命：承兑业务革命

（一）标志和特征

票据市场第三次革命将会是票据承兑业务的革命，将以融资性票据发行平台的出现为标志。票据承兑业务革命将彻底解决中小企业融资难、融资贵的问题。

《票据法》和相关法规的修订工作已提上议程，一旦融资性票据的合法地位得到承认，融资性票据将是票据市场未来发展的大趋势，届时将会涌现出众多融资性票据发行平台。融资性票据发行平台可采取混合所有制组织模式，国有、民营、混合资本均可参与，建立类似于我国台湾的票券金融公司、日本的短融公司、英国的贴现所等专业机构并成立票据发行平台，提供票据发行、见证、增信、经纪和投资等多方面票据融资服务，中小企业直接在平台上发行票据，平台对其资质进行审核和披露，第三方信评或征信机构为发行票据提供评级，商业银行、非银机构、投资产品和个人可参与平台票据认购，真正打通中小企业直接融资渠道，通过市场化手段而非行政干预的方式，对不同资质的企业提供不同的融资报价，将不同风险偏好的资金提供方和融资企业进行对接，真正实现企业短期融资票据化发展。

（二）未来承兑业务发展趋势

未来，承兑端的发展将会打通中小企业直接融资渠道。目前，我国社会融资体系呈现以间接融资为主、直接融资为辅的特点，对中小企业而言，贷款、股权融资和债券发行的准入门槛都较高，中小企业难以企及，因此长时间以来中小企业融资难、融资贵的问题都很突出，中小企业缺乏直接融资渠道是主要原因。票据市场由于其基础设施建设完善、办理快捷、效率高等优点，成为中小企业融资的首选。票据市场应该成为类似于债券短融市场的专门服务中小企业的直接融资市场，进一步完善我国服务实体经济的金融体系。

长期来看，随着承兑业务的变革、推进，承兑端将形成以商业承兑汇票为主、银行承兑汇票为辅的市场格局。预期随着融资性票据发行平台的成立发展，各类融资企业均可根据自身需求发行商票，商票的签发量将因此出现井喷式增长，而银票签发量将会萎缩，目前市场上银票占主导地位的局面将会逐步被扭转。同时，商票签发流转又会带动商业信用的发展，最终形成良好的社会商业信用环境。承兑端的变革发展也将改变商业银行经营和盈利模式。融资性票据发行平台发展成熟后，将会改变目前银行通过承兑赚取手续费、通过直贴持有赚取净息、通过转贴卖断赚取非息的盈利模式，商业银行在其中可扮演五个角色：一是作为控股或参股发行平台，通过经营平台获取收入；二是作为投行或咨询角色为发行票据的企业提供服务，赚取中间业务收入；三是作为票据投资人，投资或贴现平台发行的票据，持有或交易；四是作为增信人，为资质差的企业提供担保，赚取服务费；五是作为经纪人，撮合投资方和融资方。承兑端的发展将带动实现票据产业链的一体化。融资性票据发行平台将会是一个囊括票据发行、转让、见证、增信、经纪和投资等多方面业务的融资服务平台，将改变目前票据一级和二级市场、商票和银票市场、贴现和投资市场较为割裂的局面，票据全生命周期均可在该平台上实现流转。这将对促进票据市场更加规范化发展、吸引更多参与机构、降低市场割裂带来的信息不对称提供较大帮助。

总之，票据承兑、贴现和转贴现的三次革命是按照转贴现、贴现和承兑环节依次展开，是由各环节电子化、互联网化发展程度决定的。随着三次革命的推进，中国票据市场将进入新的快速发展时期。

票据市场发展与地区经济发展的相关性研究——基于东北三省和上海市的实证分析

曲越民[①]

一、绪论

票据作为一种金融工具，在我国的实际应用仅二十余年，相对于国外来说，我国的票据市场仍具有较大的发展潜力，票据交易市场仍存在更多的完善空间。从票据实际作用看，我国的票据市场业务占比不断上升，其对于实体经济的促进作用不断加大。从目前的情况来看，虽然票据市场中存在较多参与主体，但是更多市场主体仍然对票据这一金融工具缺乏足够的认识和参与。在这样的情况下，是否应当提升票据市场规模和各类型主体参与程度，加强票据对于我国实体经济的影响力，以及这样的发展措施对于我国社会经济发展到底有着什么样的影响，需要以现实为准作出实证分析。

本文采用了全国、东北三省以及上海市票据市场发展指数，实证分析了票据市场发展对经济的贡献，并提出了完善票据市场建设的若干建议。最重要的就是提出三个方向性问题：票据业务对经济发展有什么作用和影响？如何以东北三省和上海为例比较我国票据市场的发展情况？应该从哪些方面入手促使改善票据市场的运行情况，以提高我国票据市场的整体运营效率和操作水平？

① 作者简介：曲越民，现供职于上海浦东发展银行大连分行。

在这样的考虑下，本文将从业界的研究开始，通过实证分析，得出行业发展方向，并结合现实情况，提出针对性建议。

二、国内外研究现状

目前，在我国票据融资主要是指商业汇票贴现融资，商业汇票又以银行承兑汇票为主。一些西方发达国家已发展到票据融资的高级阶段，除了具有真实贸易背景的商业汇票可以进行贴现融资，最主要的融资方式是使用无真实贸易背景的融资性票据进行票据融资。国内外不少学者对其优势、作用进行了如下探究。

Peter S. Rose（1998）指出票据融资是美国企业融资的重要形式，这说明在当前票据融资已经在美国货币市场上拥有了重要的地位①。Mark Gertler和Cara S.Lown（2002）通过实证研究发现票据融资能有效地促进企业融资难题的解决，不仅如此，还有利于货币政策作用的发挥②。Rosalyn（2002）通过实证分析验证了票据融资具有成本优势③。张贵友（2004）指出票据不仅在资信良好的大型企业间流转，通过背书转让票据也可被众多的中小企业持有，中小企业将票据拿到银行贴现，也能获得融资④。翟丽丽（2007）指出票据融资业务有助于银行增加收入，调节资产规模，使其在激烈的竞争中提高综合竞争力⑤。王璐（2012）指出我国商业银行票据融资业务在近几年进入了飞速发展的阶段，票据融资市场已逐步成为货币市场中值得关注的焦点，也成为企业有

① Peter S. Rose Money and capital markets: Financial institutions and instruments in a global marketplace [M]. McGraw-Hill，1998.

② Mark Gerther and Cara S. Lown. The Information in the high yield bond spread for the business cycle: eveidence and some implication [J]. *NBER working paper*，No. 7549，2002:132.

③ Rosalyn. The Growing Use of the Commercial Paper Market [J]. Euramoney，2002(6):165-171.

④ 张贵友．中小企业票据融资效应分析 [J]. 中国乡镇企业会计，2004(7):16-17.

⑤ 翟丽丽．票据融资对商业银行的影响 [D]. 北京：中国农业大学，2007.

效的融资方式[①]。H.Kent Bake和Jame S.M.（2012）分析了票据市场对本国经济起到的作用，指出在票据的承兑和贴现中，贴现率有着至关重要的作用[②]。董海英（2013）指出票据融资具有非常重要的作用，其有利于企业融资，有利于商业银行提高资产质量，有利于央行发挥宏观调控的作用，也有利于促进经济的发展[③]。石金枚（2014）指出企业要了解票据贴现融资的流程、特点、优势，这样才能更好地使用票据进行贴现融资，充分发挥其在经济发展中的有利作用[④]。肖小和、邹江、汪办兴（2015）提出票据业务在促进实体经济尤其是中小微企业经济发展和提升商业银行收益贡献方面被摆在更加突出的位置和赋予更加显著的作用[⑤]。肖小和、汪办兴（2015）指出未来票据法律法规有望进一步完善，实现票据种类和票据业务多元化的局面[⑥]。

以上提到的国内外关于票据市场的研究，更多地在于从整体票据业务优劣进行定性研究，而本文则试图以不同区域（东北三省和上海）票据市场发达程度及经济发展规模作出相关性分析，以期探究票据业务对于区域经济发展是否存在影响。

三、实证分析

（一）票据发展指数

全国及各省市票据发展指数是由上海财经大学上海国际金融中心研究院票

① 王璐．我国商业银行票据融资业务风险管理研究 [D]. 昆明：云南大学，2012.

② H. Kent Bak. Seigniorage and Case for National Money [J]. *Journal of Political Economy*, 2012(2)：295−313.

③ 董海英．中小企业票据融资问题思考 [J]. 青海金融，2013(1)：44−46.

④ 石金枚．票据融资在钢贸企业的应用研究——以 A 钢贸公司为例 [D]. 杭州：浙江工商大学，2014.

⑤ 肖小和，邹江，汪办兴．中国票据市场 2014 年发展回顾和 2015 年展望 [J]. 中国经济，2015.

⑥ 肖小和，汪办兴．新常态下中国票据市场发展的机遇、挑战与前景展望 [J]. 农村金融研究，2015(7)：12−16.

据课题组为有效衡量和反映我国票据市场发展状况与结构变化情况，运用主成分分析法构建的，具体包括中国票据发展指数及中国票据生态指数、中国票据金融指数、中国票据价格指数、中国票据创新指数、中国票据风险指数等二级指数。

中国票据发展指数，可以量化我国票据市场的发展水平，科学合理地划分发展阶段，研究和评价历史的发展轨迹，进而规划市场未来发展方向并制定相应政策；票据业务对经济增长特别是中小企业融资具有重要作用，票据生态指数可以准确判断全国以及各个地区票据发展对经济的影响程度，以制定适合经济发展要求和区域发展特点的票据发展战略；票据市场作为市场化时间最早、程度最高的金融子市场之一，其活跃程度和参与度都已经成为货币市场乃至金融市场重要的组成部分，票据金融指数能够衡量票据市场化程度，以此判断金融市场化进程，从而为进一步推进票据市场化和金融体制改革提供理论依据；票据价格指数够衡量票据市场利率的总体走势，既可以成为市场参与者判断当前市场价位以及未来走向的依据，也能为政策制定者或研究者提供市场资金、规模紧缺与否的参考；票据市场的活跃度高，新产品、新业务层出不穷，同时监管政策也频频出台，创新与监管的博弈较为激烈，票据创新指数既可以测量票据市场的创新程度和创新冲动，又能使监管机构清楚了解市场发展和创新情况，从而制定科学合理的监管政策引导票据创新走向健康可持续发展之路；六是票据的流动性较强，市场的参与主体多样，涵盖了企业、银行、财务公司等，票据风险指数通过测度票据市场的风险因素，综合反映市场的信用风险、欺诈风险等状况，并能前瞻性地预判部分系统性风险。

由于票据市场发展指数以省级面板数据仅发布了2006—2015年，因此本文的研究样本区间也为2006—2015年。本文经济发展水平用地区生产总值进行衡量。

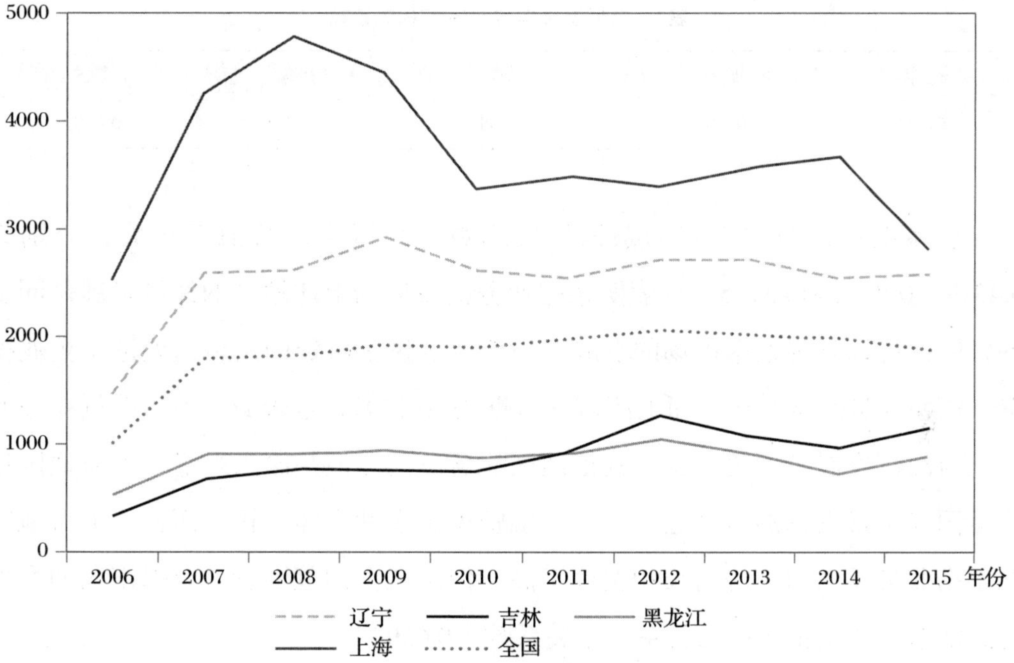

图1　各地区票据市场发展指数

从票据市场发展指数看，上海和辽宁高于全国水平，而吉林和黑龙江的票据发展指数大致相同，并且明显低于全国平均水平。这也体现了上海作为中国最发达城市，包括票据市场在内的融资市场发展程度领先全国，而辽宁作为东北三省经济相对较好的省份，发展水平也高于全国。黑龙江和吉林的票据市场发展指数较低且一致，与这两个省的经济发展水平相当、融资渠道单一不活跃有关。

（二）相关系数

本文首先用相关系数测算了经济发展程度和票据发展指数之间的关系，得出一个大致的结论，然后利用VAR模型对各个省市票据市场发展与经济发展程度的相关性进行估计，用脉冲响应函数分析票据发展对经济的作用：是促进还是抑制。

表1 票据发展指数与GDP相关系数

辽宁	吉林	黑龙江	上海	全国
0.4317	0.8761	0.3175	–0.2791	0.6292

总体上看，东北三省的票据发展指数与地区生产总值正相关，分别为0.4317、0.8761和0.3175，这表明票据业务的发展与上述地区的经济发展是同步的，因此可以认为票据市场的发展，为企业提供了融资的渠道，促进了企业投资，进而促进经济增长。而上海市的数据为–0.2791，这表明上海市票据业务的发展与经济发展负相关，这与其他地区显著不同。但是深入思考，上海地区作为全国经济最发达的地区之一，企业融资渠道多种多样。相对而言，上海地区的票据业务反而与经济增长相关性不高。但是从全国范围看，票据市场的发展与经济增长还是正相关的关系，相关系数为0.6292。

（三）基于VAR模型的实证分析

为进一步研究票据市场发展与经济增长的关系，本文构建了地区经济增长与票据市场发展的双变量VAR模型。模型具体形式为：

$$X_t = [PJ_i, GDP_i]\ (i = \text{辽宁、吉林、黑龙江、上海、全国})$$

其中，PJ_i代表区域票据市场发展指数，GDP_i代表区域生产总值。

首先确定模型的滞后阶数，如表2所示。

表2 各检验规则下最优滞后阶数

	LR	FPE	AIC	SC	HQ
辽宁	1	2	2	2	2
吉林	1	2	2	2	2
黑龙江	1	2	2	2	2
上海	1	2	2	2	2
全国	1	2	2	2	2

根据检验情况，LR规则，最优滞后阶数为1阶，而FPE规则、AIC规则、SC规则和HQ规则下最优滞后阶数均为2阶，因此VAR模型滞后阶数选择为2阶。

脉冲响应的结果如图2所示，东北三省票据市场发展指数对经济增长的冲击均为正向的，而从上海和全国来看票据市场发展对经济冲击为负。这与前文所说的两地区经济发展水平不一、企业融资渠道丰富程度有关，上海经济发展水平高，企业融资方式多样，因此票据市场发展对经济冲击为负，而东北三省与上海相比企业融资渠道单一，因此票据市场业务发展对经济增长有正向冲击影响。

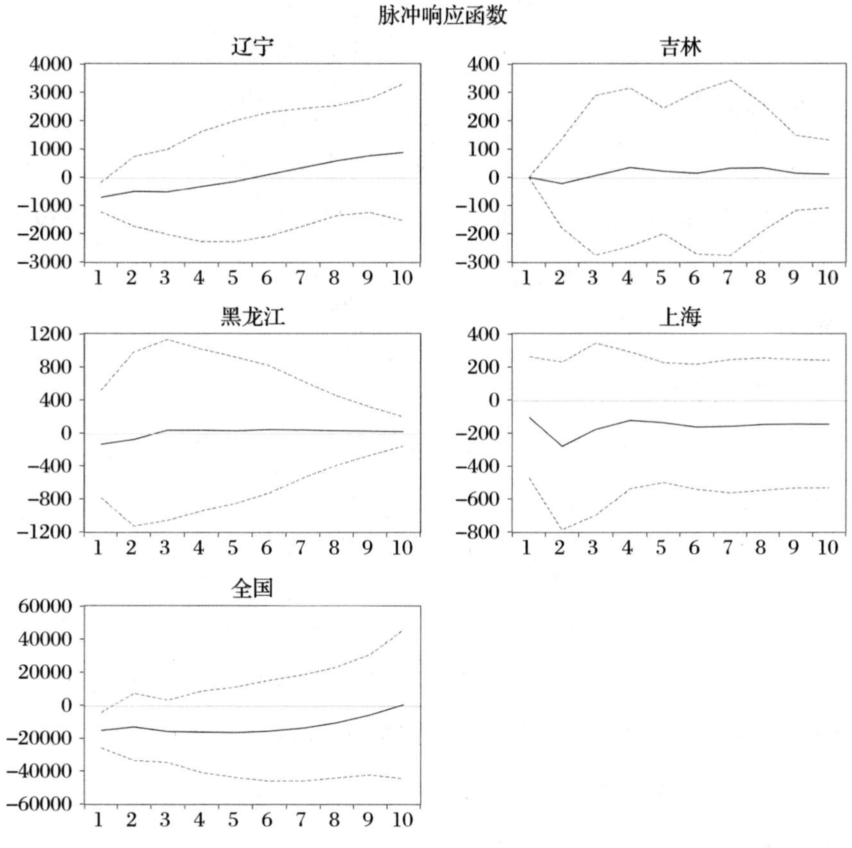

图2　经济发展对票据市场发展指数的脉冲响应

上述结果表明，票据市场发展对经济增长的影响存在地区差异：与上海相比，东北三省的经济发展水平较低，经济结构单一，企业融资渠道狭窄，因此票据市场发展对经济影响为正；而上海属于经济增长活跃地区，企业融资渠道多样，票据市场对经济发展的影响不明显。

但是这种负向冲击并不意味着票据业务对经济发展的作用就为负。首先票据市场仍然是企业重要的融资渠道，在发展水平相对低的地区对经济增长还是有贡献作用的。但是随着经济发展水平的提高，企业融资渠道拓宽，相对而言，票据融资就不受企业欢迎，企业进而寻求成本更低或者更灵活方便的融资方式，这就要求票据融资业务进行合理的改革，在经济发展水平高时，进一步促进企业发展和地区经济水平提高。

四、政策建议

基于实证分析部分的结论，本文从政策方面提出不同方向的建议，为更好地实现票据市场业务作出积极贡献。

（一）以服务实体经济为基础

票据市场的基础作用就是为辐射范围内的实体经济作出贡献，保证实体企业能够在资金融通方面获得更多的便利。针对这一基本作用，我国票据市场一是应当加强对票据结算业务的推广，让实体经济中以票据进行结算有更高的认可度。二是在票据的承兑和贴现上，应当放宽对于中小企业的限制，让更多的市场主体能够参与票据市场业务，提升票据市场影响力，在更大的服务范围做到服务实体经济。三是对于票据的再贴现业务，有关主体应当利用政策积极引导商业银行提升再贴现市场的整体规模，保证再贴现票据整体资金量达到贴现市场的较高比例，让中小企业能够通过再贴现业务更好地进行资金融通，缩短企业资金周转周期，以降低企业成本，从而提升实体经济发展。四是要在票据市场服务实体经济的过程中，更多地结合国家的发展战略，利用政策进行积极引导，在扶持实体经济的同时，能够让绿色产业企业和“一带一路”相关企业获得更多实惠，让更多践行和支持国家政策的企业能够在票据市场有更好的表现，利用票据业务优势为企业创造更大的利润，让企业能够继续为国家绿色产业、“一带一路”等重要战略作出贡献。

（二）建立健全票据市场整体构架

对于票据市场业务的普及和对实体经济的支持，必须要首先完善票据市场整体构架，以央行和其他相关部门为主要政府牵头人，协同我国商业银行及其他金融市场主体共同探索票据市场与我国目前经济发展程度贴合的机制，打造更加完善的票据市场体系。从目前情况来看，对于央行ECDS为主导、央行和上海票交所为主体、商业银行及其他金融市场主体为重要组成部分的全方位票据市场构架，以及对票据市场承兑、贴现、再贴现等多功能的实际业务操作流程的规范是当前我国票据市场构建工作的重中之重，也是使我国票据市场规范交易、保证金融安全的长治久安之举。在这一工作中，必须要注重对各主体信用体系的构建，这也是票据市场长远发展的有力支撑。

（三）加强风险监控防范

由于金融市场风险危害性较大，因此针对票据市场的构建，必须要有配套的风险监控防范体系，以期在票据市场服务实体经济的过程中，不会因自身的缺陷，带给实体经济巨大的负面影响。

从时间的角度对票据市场风险进行监控和防范是目前业界使用较为成熟的监控防范机制，主要以票据业务的事前、事中和事后三个时间节点作为监控防范工作的关注点，对于不同业务阶段，其风险监控防范的侧重点也有所不同。在业务进行的事前阶段，商业银行等相关主体应当不断完善对实体企业的信用评级体系，在票据业务开展之前，做到对票据业务主体资信状况深入了解，并以资金流动性、负债率、资产收益率等多维数据为基础对实体企业做出立体画像，进行精准评估。在业务进行的事中阶段，需要票据市场主体在交易流程上进行符合我国当前经济发展程度的优化，确保交易过程风险最低，同时也需要商业银行能对业务流程进行实时监控。在业务进行的事后阶段，则需要对票据市场的异常情况和复杂情况进行优化，降低复杂过程中的票据业务风险。

对于票据市场来说，落实全周期风险监控防范，全程追责势在必行。

（四）深化票据市场改革

目前，我国票据市场规范化程度仍存在进步空间。目前，通过票交所已经实现对票据二级市场的相关票据行为作出标准化的规范。然而在其他票据流通过程中，比如企业流通环节，其正规操作仍没有严格界定，这对于票据市场的进一步发展十分不利。对于票据结算业务的开展来说，应当具有更加公平有据的票据流转指导，降低业务操作过程的其他风险。为此，国家应当在构建全面完整票据市场体系的同时，深化票据市场改革，让金融市场更好地引导票据市场，规范票据市场全周期业务，同时针对包括票据市场内的金融子银行的服务功能作出更多的探索和实践。

（五）构建票据市场统计体系

作为重要的金融手段，各商业银行及企业在票据交易过程中需要有更加科学完善的票据市场统计体系，以市场统计数据、市场实时数据、交易大数据为基础构建票据市场交易的新模式。为此，我国应当首先加强对于票据市场交易数据信息的收集，各市场主体应当积极配合，共同支持票据市场数据的汇总工作，为票据市场统计打下基础。然后，相关部门应该积极学习国外先进票据市场指标体系，结合我国实际情况，构建符合我国实际的票据市场指标体系，并结合指标升级票交所的票据市场收益率曲线，使其能给票据市场交易主体提供更多的参考。同时，针对票据市场的各项数据指标以及重要事项的公示，也应当做到公开透明，保证市场交易主体能够更加清晰正确地作出交易决策，提升市场融资效率。最后，票据市场也应当积极推行金融交易工具，让市场参与者能够利用票据远期等票据金融工具规避市场波动风险。

（六）引导设立票据业务考核机制

以商业银行为例，目前我国商业银行的考核机制是以短期利润指标为主的利润业务需求型机制。在这样的机制下，更突出对于银行和从业人员创收利润的要求，而不同金融机构的票据业务在利润方面存在不同的实现效果，这就会让不同银行和从业者缺乏对票据市场持续推广的动力。不同机构的运作模式及考核差异校大。为此，有必要引导设立相对一致的票据业务考核机制，确保票据业务开展。基于这样的观念，应当在以下几个方面进行机制设立：首先，要转变银行经营观念，从利润关注到市场责任，提升对于票据业务部分的重视；其次，要针对不用岗位从业者作出不同倾向的考核，而对于票据业务部分相关工作人员，应当有更加稳健的业务考核指标体系，保证工作人员的业务实现；最后，要增加票据产品在银行全部业务之中的占比，用更多的票据业务为实体经济提供便利。

（七）加强票据市场先进技术应用

票据市场的门槛较低，目前市场参与者规模及科技运用程度参差不齐，而加强票据市场先进技术应用，可以提高票据市场整体效率，为此，国家应当对票据市场准入作出更加细致严格的规范。一方面，国家需要对中小规模票据市场参与者作出技术方面的限制，保证市场内可以施行更加先进的技术应用，同时让各市场参与者更合理地运用先进技术，以提升自身利润获得效率；另一方面，对于较大规模的市场参与者而言，国家应当给予一定程度的技术及资金补贴，用于促进这些参与者在技术层面作出创新，并应用和推广到票据市场，实现票据市场优势领先的地位。

（八）确保票据行政监管体系

票据市场在提供资金融通便利的同时，也会带来潜在的风险，而为了防范系统性风险，需要国家积极行动，构建行政监管体系，在面临较为严重的市场波动、金融危机时，能够以更强有力的管控做到将风险最小化，使票据市场平稳运行，让实体企业对票据市场有更大的信心。针对此，建议央行完善行政监管机制，规范统筹票据市场业务，推进票据市场对实体企业的贡献，并制订重大情况风险预案，保证票据市场的合理运行。

商业承兑汇票服务实体经济

——基于供应链融资视角

王海军　戴明皓[1]

［摘要］ 应收账款票据化是当前政府着力推进的经济举措之一，也是近期市场关注的热点。发展商业承兑汇票，有助于推动应收账款票据化进程，提高整个企业供应链的融资能力，推动实体经济发展。本文尝试从供应链融资角度分析商业承兑汇票服务供应链企业的优势，总结当前主要商业承兑汇票融资模式，对商业承兑汇票面临的发展瓶颈进行深入剖析，并有针对地提出相关建议。

一、研究背景

2019年上海陆家嘴金融论坛上，中国人民银行行长易纲提出要大力支持上海建设国际金融中心，支持上海票据交易所（以下简称票交所）在长三角地区推广应收账款票据化，如何快速、有效地推动应收账款票据化已成为当前市场研究的热点。

① 作者简介：王海军，现供职于兴业银行票据中心；戴明皓，现供职于兴业银行票据中心。

由于资信弱，融资难、融资贵成为当前供应链中小企业面临的普遍难题，而部分资信高的供应链核心企业则闲置了大量的银行授信，社会融资存在一定的结构性问题。商业承兑汇票（以下简称商票），基于供应链上下游企业购销关系产生的支付结算和融资工具，相比传统供应链融资工具，拥有支付快捷、流通性强、操作风险低等诸多优势，可有效解决中小企业融资难题，将在应收账款票据化进程中承担重要角色。

二、商业承兑汇票与供应链融资

（一）企业供应链及传统供应链融资

伴随经济全球化发展，社会生产分工越来越精细，企业生产链条越来越长，供应链上下游企业之间的依附关系越来越紧密。处于供应链条中强势地位的核心企业，往往要求上下游弱势客户对其进行赊销、预付，大量应收、预付账款占据了弱势企业的财务资源，而由于资信弱、缺乏强有力担保，这些弱势企业往往很难通过传统的信贷方式获得银行的资金支持。

商业银行、保理公司等金融机构依托供应链中核心企业信用，通过控制供应链中的资金流、物流、信息流，研究推出各类供应链融资产品，解决了单体企业资信欠佳、抵（质）押物不足等授信难题。传统供应链融资模式主要分为预付类、应收类、存货类，其中预付类融资旨在解决融资主体在采购货物环节的资金需求，如保兑仓、厂仓银、进口控货融资等，主要依托上游核心企业承担差额退款、货物回购或连带担保等责任。应收类融资是将融资主体对下游核心企业的应收账款转换成信贷资金，如保理融资、应收账款质押融资等，主要依托下游核心企业的到期付款能力。存货类则是融资主体通过抵（质）押库存商品获得金融机构授信，如货押融资、仓单融资等，需要物流公司、仓储公司等协助控货。

（二）传统供应链融资模式的不足

传统供应链融资试图通过控制供应链企业间的资金流、信息流和货物流，依托核心企业信用降低融资主体信用风险，具有较大的操作风险和道德风险。以预付类融资为例，涉及金融机构与核心企业、融资申请人签署三方协议，向核心企业支付信贷资金，核心企业配合银行指令发货等复杂操作环节，如出现信贷资金交付有误或核心企业与融资申请人串谋发货等违规操作，金融机构将失去对物流、资金流的控制，原核心企业的增信作用将会落空。如应收类融资模式下核心企业应付账款未有效确认，则金融机构对核心企业应收账款的追索权利就会落空。货品重复货押、仓储公司控货不严等货押融资案例曾一度成为各家银行开展供应链融资业务的一大痛点。

（三）商业承兑汇票与供应链融资之间的紧密联系

商业承兑汇票与供应链融资有许多相通之处。从服务企业供应链的初衷来看，商业承兑汇票本身就是一种新型供应链融资工具，均是为了解决上下游企业生产经营过程中的资金需求。从两者的业务基础来看，都是基于供应链上下游企业之间贸易关系而产生的融资活动。此外，两者具有共同的客户群体，均围绕供应链核心企业展开。

三、商业承兑汇票服务供应链企业的优势

（一）具备良好的法律基础和市场基础设施

商业承兑汇票拥有《中华人民共和国票据法》《票据管理实施办法》（中国人民银行令1997年第2号）、《电子商业汇票业务管理办法》（中国人民银行令2009年第2号）等法律法规作为制度基础，票据签发、背书、贴现、流转等业务环节均有完备的法律依据，具有权利义务明确、约期付款、可背书流转等特点。票交所作为全国统一的票据市场基础设施，为商业承兑汇票的签发、

背书、流转提供了安全、可靠的系统操作平台，制定了一整套完整的登记、托管、清算规则，为商业承兑汇票的健康、快速发展提供了良好的运行环境。

（二）使用便利，具有较低的操作风险

票交所公布数据显示，2019年上半年电子商业汇票承兑量占所有票据承兑量的97.5%，电子商业汇票已基本取代纸质商业汇票在企业支付、结算、融资过程中的作用。电子商业汇票均通过全国统一的电子商业汇票系统（ECDS）签发、承兑、背书、贴现，系统操作便利、成本低，每个业务环节均有电子数据储存，企业或金融机构均无法篡改，安全可靠。相比之下，传统供应链融资项下虚假应收账款、重复货押等操作风险较大，应收账款确认、货押监控、与核心企业多方协议签署等手续复杂、成本高。

（三）具备背书支付和流转交易等多种功能

持票企业可以选择将商票背书流转，支付给上游供应商支付货款，作为常用的支付结算工具使用，或者选择将商票提交给商业银行、财务公司申请贴现、质押融资等，作为常用的融资工具使用。

除了健全的一级市场之外，商票还具有发达的二级市场。贴现机构根据票据市场利率、信贷规模情况，可以选择持有贴现商票到期获取贴现利息收入，或者将持有商票进行转卖实现交易价差。通过转贴现交易，银行间资金利率可有效传导至前端贴现价格，疏导央行货币政策传导机制，降低企业融资成本。

（四）依托核心企业资信，补充中小企业授信不足

共享核心企业与中小企业银行授信，可以有效提高整个供应链的融资能力。如核心企业为供应链中的采购商，则上游中小企业可以将核心企业签发、承兑的商票提交给金融机构，通过占用承兑人授信办理贴现、质押融资，实现

现金回流。如核心企业为供应链中的供货商，下游中小企业可以向核心企业出具商票以支付货款，由核心企业向银行申请办理买方付息贴现业务，贴现利息由下游中小企业承担。通过共享企业授信，中小企业授信不足、核心企业授信闲置的结构性问题便可得到有效解决，最终实现上下游企业、核心企业、金融机构等多方共赢。

（五）企业准入门槛低，融资手续便利

我国证券市场、银行间市场准入门槛相对较高，中小企业难以通过发行股票、公司债、企业债等融资工具获取资金，银行传统信贷资金成为其主要的融资渠道。相比企业债券、短期融资券等债务融资工具，商票融资在准入门槛、业务手续上存在较大优势。商票融资不涉及企业评级，无须备案，只要获得银行授信即可完成。融资金额、期限等要素也较为灵活，持票人可以根据实际需要申请票据融资。

四、商业承兑汇票融资的主要模式

常见的商票融资模式包括商票贴现、商票保贴、商票保证和票据池等。商票贴现是商业银行或财务公司的表内信贷业务，占用其信贷规模和100%的风险资产，包括买方付息、卖方付息或第三方付息等多种模式。商票保贴是商业银行或财务公司对约定商票在一定期限内予以贴现的承诺类表外业务，其功能本质等同于贷款承诺。商票保证是保证人在票据上进行保证记载，以担保指定票据债务人履行到期债务的一种票据行为，其担保功能等同于付款担保。票据池产品则是银行或财务公司向企业提供的票据托管、票据池质押授信等一揽子结算、授信服务。为有效拓展供应链上下游企业，金融机构设计出了不同的授信占用模式，包括占用承兑人、贴现申请人或保证人授信等，其中占用承兑人授信模式下，贴现人可以通过核心企业批量拓展上游客户，有效控制信用风险的同时提高投入产出比。

此外，市场上还有商票ABS、票据收益权转让等创新业务产品。由于存在票据收益权法律基础缺失、原始权益人无法通过背书将基础资产“真实出售”给资产支持专项计划等法律障碍和技术难题，且发行成本较高，目前这些产品均是部分机构的业务尝试，短期内难以成为主流产品。

五、商业承兑汇票发展现状及困难

（一）当前商业承兑汇票发展现状

商业承兑汇票已成为企业支付结算的重要工具。票交所统计数据显示，2018年全国累计签发商业承兑汇票2.55万亿元，占全市场商业汇票承兑量的14%，与同期银行间市场短期融资券发行量基本相当[①]。2018年末未结清商业承兑汇票余额2.02万亿元，占全市场商业汇票余额的17%，相当于同期全国规模以上工业企业应收账款余额的14%[②]。

相比签发量，商票融资在市场中占比相对较低，融资性商票发展相对缓慢，商业承兑汇票服务供应链企业的能力有待提升。票交所统计数据显示，2018年全国累计办理商票贴现0.8万亿元，仅占贴现总量的8%，比商票占总承兑量比例低6个百分点。商票贴现量占承兑量的比例仅为31%，比总贴现量占承兑量比例低23个百分点。

（二）当前商业承兑汇票发展面临的困难

一是企业对商业承兑汇票的接受度较低，限制了整个市场的商票签发量。商业承兑汇票本质是企业的信用，依托的是出票企业或承兑企业的到期付款能

① 根据Wind数据统计，2018年银行间市场短期融资券累计发行3.12万亿元。
② 国家统计局数据显示，2018年末全国规模以上工业企业应收账款余额14.3万亿元。

力，存在相对较大的偿付风险。相比银行承兑汇票、信用证等传统贸易融资产品，商票的变现能力相对较弱，需要以银行对持票人或承兑人的企业授信为基础，变现手续较多、成本较高。

二是商票融资模式和投资主体相对单一。商票贴现是商票融资的主要模式，银行信贷资金则是主要的资金来源。目前，监管机构明确禁止资管计划投资企业未贴现票据，银行理财、券商资管、基金等非银资金难以有效输送至商票持有企业，商业承兑汇票被立法、监管机构严格界定为支付结算工具和信贷融资工具。相比之下，企业债券、短期融资券则被界定为允许各类资金进行投资的有价证券。此外，商票保证、保贴、票据池及票据ABS等其他品种发展相对缓慢，市场投资主体对保证后的商票缺乏认识和了解，票据池则局限在票据收付量大、票据期限错配等大型集团进行运用，票据ABS、票据收益权转让等创新产品则因为法律基础缺失、缺乏价格优势等难以取得实质性发展。

三是商业银行发展商票融资业务的动力相对不足。商业银行开展商票贴现业务需要严格审查企业贸易背景，收集货物单据、发票等证明材料，手续较多，面临较大的监管合规压力。相比之下，与商票融资功能较为相似的流动资金贷款则无须提供发票等贸易背景证明材料，手续相对简单。此外，银行承兑汇票、信用证等传统贸易融资工具不仅能够帮助商业银行迅速提升企业负债、增加中间业务收入，作为银行表外业务还能节约资本成本，因此在当前激烈的负债市场竞争环境下成为银行主推的业务产品，对商票融资业务产生了一定的替代效应。

四是商业银行在异地企业商票融资方面均存在许多制约因素。《中国银行保险监督管理委员会办公厅关于规范银行业金融机构跨省票据业务的通知》（银保监办发〔2018〕21号）规定，银行业金融机构应审慎开展跨省票据承兑、贴现业务，开展异地业务的应建立异地授信内部管理制度以及分支机构之间的协同与控制机制，对于在客户所在地设有分支机构的原则上应由当地分支机构办理。供应链上下游企业往往分布在全国各地，跨省票据签发、背书是常态，中小金融机构由于机构网点限制，其授信调查、企业开户等业务开展较为困难。在大型金融机构内部，企业授信并非如同业授信一般在系统内通用，各分支机构对异地客户授信调查、申请、审批、使用及存续期管理等分工存在困难，业务系统、权责分配等问题使得额度共享存在一定操作困难。

五是商票流转交易不通畅，二级市场信心有待恢复。2015年全国各地集中爆发商票案件，各类空壳公司、资不抵债企业通过农商行、村镇银行等办理贴现过桥，经过区域性银行等交易链条流入大型金融机构。由于商票债务人资信不足，加上同业户滥用、票据清单交易、倒打款等违规操作，二级市场产生了大量的商票纠纷案件，严重打击了市场信心。为控制业务风险，许多国有、股份制大行暂停了商票转贴现买入业务，部分票据交易较为活跃的中小银行在业务办理时则变得更为审慎，对交易对手、承兑行等提高了准入要求。尽管票交所成立以来，从贴现机构备付金账户扣划等票据清算规则有效降低了兑付风险，但是商票二级市场的信心仍有待恢复。

六是企业信用体系不健全，阻碍了商票的背书流转及融资变现。目前企业信用信息主要有人民银行征信系统、国家企业信用信息公示系统及相关地方法院公示系统等，其中人民银行征信系统需要企业授权金融机构才能查询，无法向社会公开。国家企业信用信息公示系统公布的内容则相对简单，企业财务报表、一般债务违约等情况难以被企业、银行等获取，而地方法院公示系统则局限于司法案件项下的失信企业信息。由于我国信用评级体系不健全，商票逾期未兑付等信息难以被市场获知，提高了票据受让企业和金融机构对票据债务人风险识别的难度。

六、相关建议

（一）推广电子商票在企业支付结算中的应用

从全国企业之间的应收账款发生情况来看，商业承兑汇票的签发量仍有很大的增长空间，电子商票在支付结算和融资方面的诸多优势未能在供应链企业中充分发挥作用。因此，人民银行、票交所、商业银行、财务公司等应加大对企业使用电子商票的宣传、引导工作，通过升级票据业务系统、优化企业网银、降低业务资费、加大广告投放、加强业务考核激励等多种途径，推广电子商票在企业支付结算和融资中的应用。

（二）丰富商票融资模式，实现投资主体多元化

商业承兑汇票作为一种有价证券，兼具支付功能和融资功能。《票据法》规定，票据的签发、取得和转让，应当遵循诚实信用的原则，具有真实的交易关系和债权债务关系，而票据的取得必须给付对价。建议票据监管部门、票交所等对非银机构受让企业未贴现票据的可行性进行论证，比如除了银行、财务公司贴现之外，能否由券商、基金等资金通过票交所交易系统直接投资企业未贴现票据？票交所能否借鉴“贴现通”“票据通”等创新产品的成功经验，联合商业银行、互联网平台等共同搭建由企业直接参与的票据交易市场？如此一来，投资主体变得多元化，企业商票融资渠道可有效拓宽。

此外，各金融机构应推广商票保证、商票保贴、票据池等融资产品，推动票据收益权转让、标准化票据等产品创新。各商业银行应充分认识到商票保证、商票保贴等业务在提升中间收入、节约信贷规模、降低资本消耗等方面的优势，大力推进此类业务。推动产品创新，研究对持票人保证、对背书人保证等新型业务模式，提高商票的市场流通性。结合传统供应链融资工具，推出“控货+商票”等融资组合产品。

（三）发展商票二级市场，加快商票流转交易

商业银行应重拾市场信心，大力发展商票流转交易，突破信贷规模限制，实现交易价差，推动银行业务转型。通过转贴现、再贴现等融资渠道，及时传导央行的货币资金，降低前端贴现申请企业的融资成本。各地人民银行应加大

对商票再贴现融资支持力度，放宽对票据类型、客户主体、票面要素等方面的限制，加大商票再贴现额度投放。

（四）完善商业银行异地授信管理和额度共享体制

针对供应链上下游企业区域分散的特点，商业银行应完善异地客户授信管理体制和分支机构额度共享体制，推动全国业务全国办、全国业务区域办等业务联合办理机制。升级内部授信审批和业务作业系统，优化异地开户、异地贴现申请等办理流程，降低企业客户和经营机构的业务办理成本。

（五）建立商票信用评级体系

从国外成熟票据市场来看，融资性票据的发行需以完备的信用评级机制作为基础。只有建立有效的信用评级，才能够吸引更多的市场参与者投资商票，商票的市场流通性才能得到保障，以信用评级为基础的市场定价机制才能形成。建议票交所作为牵头部门联合咨询机构、评级公司等发起建立商票信用评级体系，通过互联网进行大数据分析，收集各类企业信息数据，构建涵盖所有票据债务企业的信用评级体系，并将评级结果以合适的方式提供给市场参与者。票交所作为ECDS的管理机构，掌握了电子商票签发、承兑、背书、到期托收等所有流程信息，可借鉴国家企业信用信息公示系统对逾期未兑付等失信信息进行公布，从而约束企业的兑付行为，保障持票人的合法权益。

（六）建立多样化的信用增级机制

信用增级模式包括外部增级和内部增级。其中担保增信作为最简单、最常用的外部增级方式，可以提高商票的流动性和变现能力，因此要大力培育担保公司、财务公司等增信机构，发展商票保证、商票保兑等多样化增信产品。内部增级方式通过增加抵押物或设计多个交易档次从而调剂风险（如资产证券化中的债券分档），同理可以研究对票据进行信用分档。此外，也可进行内、外部组合增级，比如将银行担保的部分列为优先档，将无担保的列为劣后档，并由市场完成对商票的信用评价和定价，承担商票劣后档的信用风险。

参考文献

上海票据交易所．中国票据市场：历史回顾与未来展望 [M]. 北京：中国金融出版社，2018:41-54.

票据经纪业务探索、发展与思考

梁佑良[①]

［摘要］ 在谈论票据经纪业务时，有必要先回顾票据中介业务，虽然不能简单地将票据中介业务与经纪业务等同，但票据经纪业务本身也是从早期市场粗放的经营模式中而来，票据中介业务与经纪业务有较强的关联性，随着市场的进一步发展和规范，更标准合规的经纪业务必然逐渐走向前台，在市场中占据更加重要的地位。

一、民间票据中介概述

（一）票据中介业务简介

票据中介业务早期主要存在于承兑市场和贴现市场。企业间票据转让的同时自然产生了票据的买卖行为。部分银行需要企业以全额保证金存款的形式开票，企业在存入全额保证金开票的过程中如果缺乏现金，需要进行短期资金拆借过桥。部分票据中介从短期拆借的“资金掮客”开始专业化，通过资金过桥开票介入贴现端，以现金折价买入开票企业票据，通过票据倒卖获得利差。

① 作者简介：梁佑良，男，现就职于中国民生银行成都分行票据业务部。

市场细分后，逐渐衍生出专业通过现金购买企业票据的票据中介。中介市场存在着较为复杂的交易体系，但总体结构也是由小到大层层递进：企业面对小中介，小中介面对大中介。

绝大部分票据中介经手的票据最终是在银行体系消化的。票据在中介之间多手倒卖后，中介持有票据最后通过最后出资人——银行贴现。同时，部分票据尤其是在银行间流动性较差的票据，通过中介与企业间的交易重新回到实体企业的供应链中，以货款方式被支付使用，客观上增加了票据在支付结算端的流动性。

（二）票据中介存在的深层次原因

从理论上说，银行作为最后出资人，贴现利率应该更低，而企业选择在中介处贴现主要基于以下原因。

1. 信息和交易成本优势。交易信息不对称和非息成本在企业与银行间是存在的。

一是企业和中介间流通的票据最后依赖银行贴现，银行贴现价格应该优于中介买卖，但中介“贴现”价格存在比较优势，主要体现在区域差异。中介对信息高度敏感，在过高价格地区买入企业票据，在贴现低价格地区通过银行贴现。部分地区会出现中介价格优于银行贴现价格的情况：以西部高于东部，次发达地区高于资金丰富的发达地区的情况尤为显著。

二是纸质票据时代票据存在人工移送票据成本，贴现时存在较高非息成本。企业即使了解异地价格更低，但考虑到人工差旅成本和安全性因素，往往寻找本地票据中介或者银行进行票据贴现。中介将零散贴现票据打包前往异地办理，从而摊薄非息成本。

2. 企业价格信息不对称。小金额贴现和大金额贴现存在价格歧视，企业处于信息不对称地位。银行遵循量大从优的原则，大金额贴现具备利率优惠，使得中介成本相对企业在银行直接办理贴现更低。即使在同一地域，中介在“零售”—“批发”这一过程中依然能够获得贴现利率的比较优势。

3. 票据贴现存在开户门槛。在现实操作中，企业囿于财务、时间、管理成本，不可能在所有银行开户，即使能够掌握所有银行的贴现价格信息，也不一定有对应账户。中介通过壳公司形式在各家银行广泛开户，企业将票据卖给中介“贴现”无须开户，间接获得了相对的低价。

4. 为简化手续和材料等。银行在贴现办理过程中，要求企业提供征信、基础资料、贸易背景等材料，手续相对烦琐。融资性票据在贴现时缺乏贸易背景，企业贴现困难转而寻找中介。中介打包企业票据，统一背书后在银行办理贴现。票据背书上的贴现人及其前手多是中介公司的“包装户”，中介通过贸易背景专业“包装”能够满足银行在票据贴现时的审查要求。贴现中贸易背景的限制是票据中介早期赖以生存的重要土壤。

5. 放款时效。银行贴现审查较为严格，除资料审查外，在纸票时代对票据要式性审查、背书审查、真伪审查较为严格；电票普及后，虽效率有所提高，但中介的业务效率也同时提高。长期以来，银行贴现放款的时效性相较中介更低。部分中介在银行开票柜台旁向企业临柜买票，确定交易后即可转账付款，效率极高，受到对资金时效性要求高的企业的欢迎。

6. 企业客户黏性以及利益输送。企业一旦与固定中介达成交易习惯后，将对中介产生较大的业务黏性。除此之外不可避讳的是，中介行为难以监管，缺乏统一良性的竞争规则，部分中介买入企业票据时，对相关人员有返点等利益输送行为。

二、民间票据中介的业务模式

（一）票交所成立前，票据中介的业务模式及主要风险

随着票据转贴现市场的发展，为了寻求更丰厚的利差空间，部分中介开始涉足票据转贴现业务。从纸票时代开始，中介开始涉足“转贴现”业务。

1. 贴现+转贴现卖断模式。部分区域的农商行、农信社、村镇银行是最早涉足银行转贴现业务的涉农金融机构，最早承担着中介贴现业务“过桥行”的角色。中介集合票据后通过“过桥行”办理贴现，并寻找转贴现行卖出以获得利差。“过桥行”贸易背景审查宽松、风险资产计提不严格、内部管理约束较弱，中介与之合作较为方便，同时该类中小金融机构缺乏专业的票据团队，缺乏转贴现交易渠道和市场敏感度，与中介合作可以迅速带来利润，充分利用银行的牌照资源。拥有“过桥行”的中介也较为容易做大业务规模，赚取丰厚利润，二者存在互惠基础。甚至有部分机构提供一定量的基础资金供中介操作，大大提高了中介业务的流动性。此种模式后来逐渐扩散至众多省份的“三农”金融机构。

2. 转贴现及“消规模”业务模式。2016年之前，部分“三农”金融机构利用会计记账漏洞，通过转贴现买卖断+票据回购的组合方式，可以销记贴现票据的信贷规模，从中获取可观价差。

通过纸票“消规模”的转贴现业务，部分中介逐渐由幕后走向前台，作为小型金融机构票据业务的代理人，在市场上寻找转贴现及“消规模”业务机会。在交易意向达成后，通过银行进行操作，实现利润并获得分成。作为交易对手的商业银行，明知对方为票据中介，但出于“消规模”需求仍进行交易。经监管屡次整肃，老的“消规模”机构退出市场，新机构受到利益吸引不断加入，其中不乏票据中介的游说。新机构不懂得业务操作模式和账务处理，需通过中介指导，全权委托中介对外代理业务。由于中介参与的转贴现业务在形式上仍体现为银行间的交易，中介作为代理人的行为隐蔽，难以被监管机构发现，因此该业务一直有生存的土壤。

3. 错配及代持等业务模式。中介涉足转贴现业务后，开始将目光转向利差更大的错配及代持业务。处于灰色地带的票据中介，片面追求利润而忽视风险，业务中更为激进，杠杆更高。最早，中介作为转贴现代理人，在划款操作中受制于被代理行。被代理行对错配业务较为谨慎，因此中介难以开展代持和错配业务。同业户的出现使中介获得更大的业务操作自由度。部分小型金融机构严重突破风险底线，将同业户及网银全权交予中介，体外账户的形成使中介获得全权控制业务的能力。中介不仅经营贴现、转贴现、“消规模”业务，也开始涉足错配业务。交易垫资“倒打款”的普遍存在，更使得中介具备空手套利的便利。利用同业户，中介通过贴现或者转贴现买入长期限票据，先不进行划款，通过操作代持或者短期回购获得资金后再行划款。代持或回购到期前先行取出票据，寻找下家以偿还到期资金。通过循环往复操作获取错配收益。部分银行风险底线丧失，明知交易对手为中介，依然不见票进行代持或者短期回购。更有甚者，部分中介通过造假银行资料，利用开户银行同业开户管理漏洞，成功开立同业账户，在市场中冒用银行账户开展转贴现业务。

中介业务在竞争中的无序和操作中的不规范带来了较为严重的风险隐患，主要表现在以下方面。

1. 同业户存在远期利息风险。出于主动错配或“消规模”需求，商业银行用长票进行短期“消规模”套利操作。买断长期票据+短期回购的业务组合，在同业户上形成大量的远期利息，远期利息不受控的风险，是票据转贴现业务全面风险爆发的第一步。远期利息来源于转贴现买卖断和回购业务间不同的计息规则。转贴现买卖断业务按逐笔票面到期日记息

利息 = Σ［票面金额 ×（逐笔票面到期日 − 起息日）/360 × 利率］

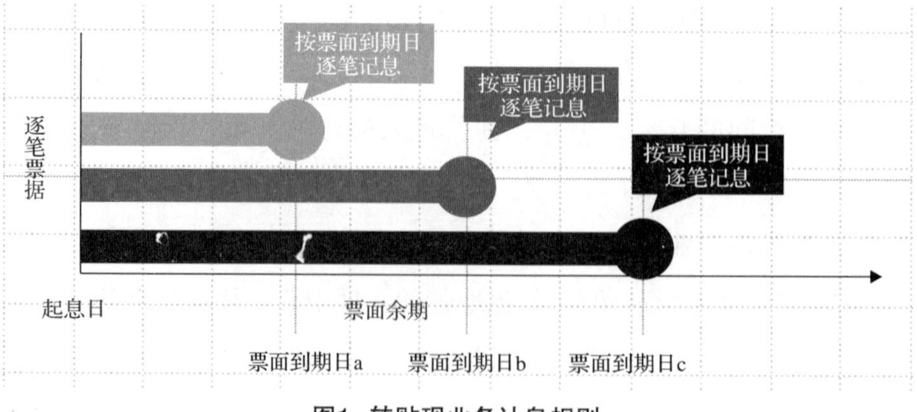

图1 转贴现业务计息规则

票据回购业务与转贴现买卖断业务不同，票据回购业务按整个票据包计息

利息＝票据包票面总金额×（回购到期日－起息日）/60×利率

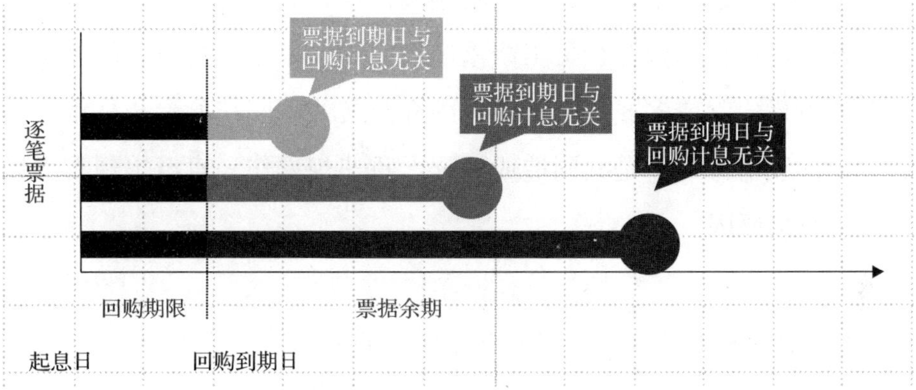

图2　回购业务计息规则

转贴现买断业务中同业账户收取了交易对手全期限利息，进行短期卖出回购操作时仅被资金方收取短期利息，同业账户上留存了远期待还的利息差。随着业务量增加，远期利息逐渐累积。同业账户给中介提供了挪用便利，远期利息被投向了高风险领域。2014—2015年在资本市场繁荣的诱惑下，部分中介将远期利息投入股市，随着股市下跌造成损失，不得不继续增加错配以填补资金缺口，并继续投入股市以求翻本，直至资金链断裂。

2. 票据本金风险。面对远期利息的巨大缺口，部分非法中介利用银行不见票、买入返售票据可以提前取出的管理漏洞，将票据一票二卖，或提前支取进行再融资，直接以票据本金填补资金缺口，并参与高风险投资，使得资金缺口继续扩大。部分中介最终无力偿还本金，或者干脆大额卷款“跑路”。

3. 商业承兑汇票信用风险。部分票据中介通过虚开大额商业承兑汇票（以下简称商票），经同业户贴现，利用部分银行票据业务内控失效、授信管理不严格的漏洞，进行不断的“过桥”增信。由于不是最后票据持有人，部分“过桥”银行存在侥幸心理，进行背书以收取点差，中介通过层层票据背书，逐渐提高票据背书银行的信用等级，最终找到买断商票的银行。买断行基于前手有

大量银行背书且符合授信占用条件而进行票据买断，资金经过桥行流入同业账户被中介挪用。此时中介行为已经由单纯的灰色经营升级为资金诈骗。

4. 道德风险。票据中介与银行之间违规操作，总是有着千丝万缕的联系。中介的利益输送使得部分银行员工严重逾越底线，也是道德风险的肇始因素。票据大案的背后，都或多或少有着票据中介直接或者间接的参与，银行的内控失效和中介的利益渗透，是共同造成票据严重违规操作，直至出现重大风险及违法事件的直接原因。

（二）票交所成立后，票据中介业务模式的演化

2016年后，随着票交所的建立，在同一票据交易规则和清算规则下，转贴现业务中的监管套利空间被显著压缩，票据交易中的直接资金风险得到有效的控制，票据中介业务一度受到强力挤压。尽管票据市场基础设施日益完备，转贴现交易手段更加便捷高效，但直贴端仍旧存在信息不对称，票据中介业务模式得到部分规范的同时，依然存在利差的土壤。中介参与票据承兑和直贴业务的程度加深，在转贴现市场上，票据中介撮合业务逐渐成为票据中介在转贴现市场上的主要盈利手段。

2019年由于某家银行违约事件爆发，银行承兑汇票的刚性兑付被打破，票据信用分层加大，部分小银行票据出现流动性困难，加大了信息不对称的价差，客观上为部分中介提供了更加丰厚的利差空间。

1. 票据承兑业务和贴现业务。在票据承兑端，票据贴现利率的快速下行客观上带来了理财（结构性存款）全额质押开票（证）的套利空间，通过票据承兑套利成为中介重要的业务模式。票据承兑套利带来的承兑余额的快速增加，在年初一度引发高层及监管层的重视。2019年7月，中国银保监会北京监管局发布《北京银保监局关于规范银行业金融机构票据业务的监管意见》（京银保监发〔2019〕248号），对于此部分套利业务进行了及时有力的规范。客观上，由于中介票据套利的行为，票据从承兑源头向中介端下沉，与过去被动接

受企业承兑票据进行现金买票相比，票据中介对票据源头的把控在客观上逐步加强。在实际操作和行业竞争中，票据中介“直贴—转贴”联动效率提高，主要形成了两种中介贴现业务模式。

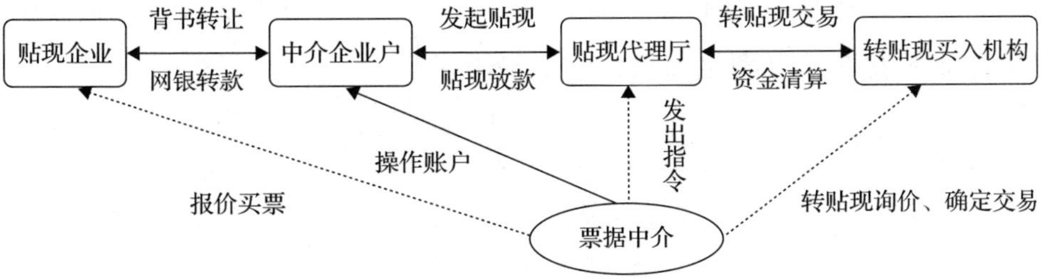

图3 中介贴现业务模式1

在图3所示的业务模式中，票据中介通过自己的企业账户买入企业的票据，联系二级市场的买入机构，通过贴现代理行将持有的票据进行贴现后向市场卖出。买入企业票据价格和贴现利率之间的价差为票据中介获得的直接收入，并存留在中介企业户上。中介代理户可能有多个账户首尾嵌套，贴现代理行获得固定的价差。在此业务模式中，由于中介的企业账户参与票据和资金的往来交易，票据在企业背书流转间存在着票据和资金的不同交付机制。因此，在企业和中介、企业和企业间票据流转的过程中，难免出现票据被恶意转让的“背飞”事件。

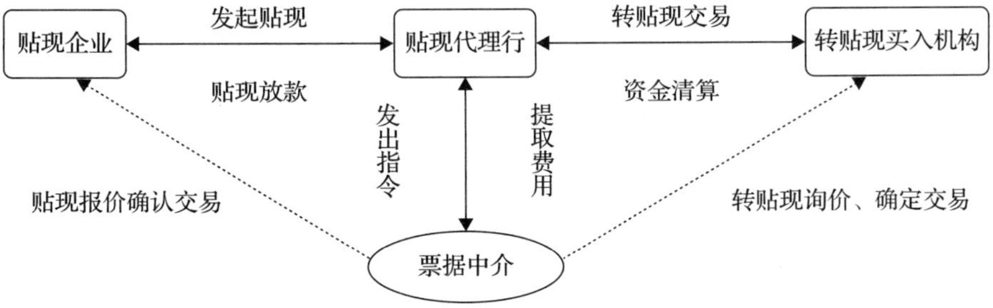

图4 中介贴现业务模式2

在图4所示的业务模式中，票据中介没有使用中介企业账户，直接向贴现企业报价并确认交易，贴现企业在贴现代理行处进行正常贴现。票据中介联系二级市场的买入机构，通过对贴现代理行发出指令，向指定的转贴现买入机构卖出票据，贴现代理行获得利差收入，并将交易费用返回给票据中介。

2. 票据转贴现撮合业务。由于票交所基础设施带来的效率提升和信息不对称的减少，纯转贴现市场单笔利差空间明显收窄，票据中介的纯转贴现业务逐步向撮合业务发展，以满足高频化的交易需求。

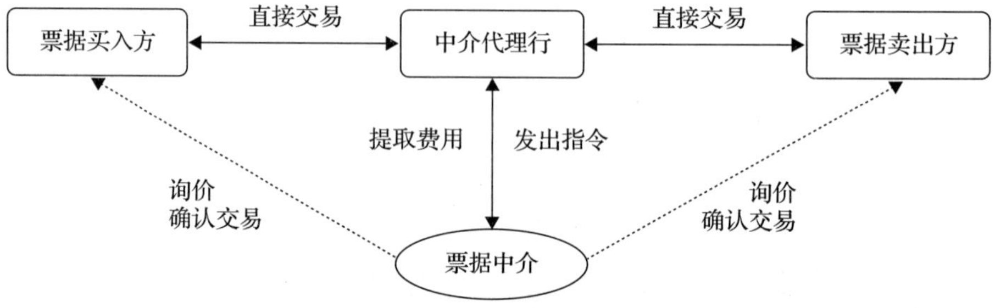

图5　中介转贴现撮合业务模式

在图5所示的交易中，票据中介同时向票据二级市场买入卖出方进行询价，票据中介通过中介代理行（以下简称代理行）操作。出现价差机会后，中介向代理行发出交易指令，安排其代理行嵌入交易链条，分别与票据的买卖双方进行正常交易，代理行在交易过程中获得交易利差收入，将一定交易费用返给票据中介。市场中真实的买卖双方并没有直接交易，中介出于保护自己利益的原则，会尽量隐藏双方的交易信息，此种业务被称为转贴现经纪/撮合业务。

除撮合业务外，不排除仍有部分中介通过代理行进行自营转贴现交易、票据持仓操作、错配以获得远期票据价格波动的资本利得的交易模式存在。

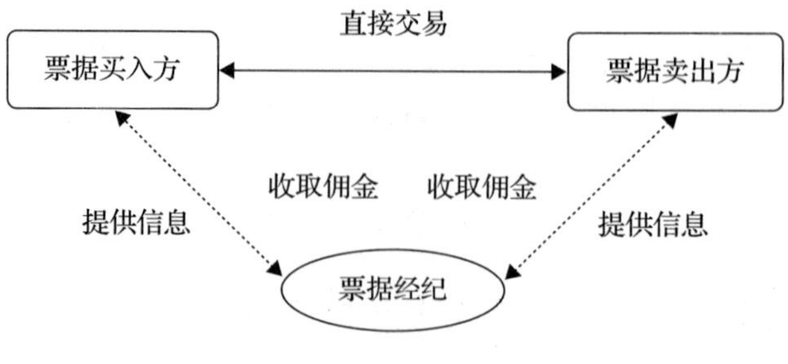

图6　票据经纪业务模式

相对而言，票据经纪业务具备链条少、交易透明直接的明显优点，在交易结构上与中介业务有明显不同。

三、银行票据经纪业务正式启航

虽然票据中介业务带来诸多问题，但仍需辩证地看待中介的存在。在特定的市场阶段，中介的存在是合理且必要的，某种程度上在票据交易中充当着民间做市商的角色。票据中介作为票据市场润滑剂，客观上为民间票据流通提供了流动性支持以及信息交换的途径。但在为市场发展带来活力的同时，其野蛮生长和无序竞争也造成了较大的风险隐患。利差带来市场的需求是长期存在的，治理应采取“宜疏不宜堵”的方式，只有通过合理规范、充分监管，或者引入更加良性的竞争替代方式才能最终解决票据中介问题。“贴现通”则是承担这一使命重要的有益尝试。

（一）票交所推出“贴现通”业务

2018年5月，票交所“贴现通”业务正式上线，通过引入银行作为经纪机构角色，给票据直贴市场（一级市场）带来了顶层经纪机制，旨在减少银企间的信息不对称，通过良性竞争者逐步挤压市场操作不规范的机构。

（二）银行票据经纪业务试点情况

“贴现通”为持票企业提供贴现信息咨询、询价和撮合等票据经纪服务。此次，中国工商银行、招商银行、浦发银行、浙商银行、江苏银行5家银行试点为持票企业和贴现机构提供贴现信息咨询和撮合服务。

（三）银行票据经纪业务的重要意义和作用

票交所成立后，统一了接入标准和交易要式，标准化的交易流程为票据经纪提供了良好的发展基础。而“贴现通”的推出，也深根于票交所基础设施的优质土壤。在票交所成立前，票据经纪业务在摸索中艰难发展。

纸质票据时代，信息不对称程度较高，需要实物票据移交，交易需上门。纸质票据高度的操作风险属性，使得交易由熟人交易主导。票据交易行为难以完全统一，票据交易要求和审验尺度各行不一，增加了经纪机构沟通的难度。传统的货币经纪公司人员缺乏票据从业经验，进一步增加了经纪业务开展的难度。票据交易双方对佣金付费习惯尚未养成。作为银行类金融机构，转贴现的持有利息收入和买卖价差收入分别属于利息收入和净非利息收入科目。而佣金的支出属于中间业务支出范畴，对于银行而言，中间业务支出额度有限，佣金支出难度相比净非利息支出难度更大，进一步限制了经纪业务的开展。而针对企业的经纪服务，由于政策限制，货币经纪公司更难以涉足。

电子票据时代，信息不对称的减少、不同金融机构交易主体的增加、交易效率的大幅提高，给予票据经纪业务良好的发展机遇。票据经纪业务的发展，势必进一步减少不当套利空间，带来市场和参与者的进化。

1. 减少不当套利空间。票据中介的繁荣来自广义套利空间的存在。除信息不对称外，监管套利空间的存在也是中介获利的重要因素。金融活动中对于总分包模式的需求也是中介存在的肇始因素。因此，减少广义套利空间，引入经纪业务竞争从而规范票据直贴端的总分包模式才是有效规范中介业务、规范票据市场的重要手段。

票据中介主观上需要扩大信息不对称以追求更大的利益，并不具有减少市场信息不对称的动机。但由于票据中介参与者增加、票据电子化，中介业务的信息不对称在竞争博弈中获得稳定平衡。票交所在提高转贴现业务信息传导效率的同时，着力解决企业直贴端的信息不对称。“贴现通”作为创新和尝试，配合票交所其他产品，引入合规的直贴“做市商”机构，形成直贴市场统一的报价平台。

可以大胆想象，在不远的将来，在票交所的领导下，通过全市场的不懈努力，除现有经纪银行外，一部分公司治理和运营规范的机构将向票据经纪机构的方向发展，通过账务操作标准化、佣金费用机制透明化、持牌经营、接受有效监管，获得合法地位，对杂乱无序的中介机构形成挤压，避免其带来的交易链条复杂、交易成本提高、交易风险增加、不当利益输送等问题。

同时，在监管和市场自律的共同努力下，有望持续压缩监管套利的空间，保证各地处在基本一致的监管尺度下，避免由地域监管尺度的差异造成的“木桶效应”。

2. 促进金融机构自身票据业务模式变革。在“贴现通”等创新产品的引领带动下，金融机构服务实体的程度在逐步加深，票据业务向实体客户下沉是市场参与者的共同选择。如何更好地服务实体、提升业务效率，各行在线贴现的产品已经进行了初步的探索和创新。

但目前银行的线上贴现产品仍较为初级态。如何在产品自身操作效率提升的同时，与转贴现二级市场进行有效联动（加大信息报价联动的及时性、实现高频化有效化报价、针对单笔票据不同的要素进行智能化的差异定价），是实现产品向客户下沉、替代票据流通环节中“总分包”结构、去除票据中多余“经销商”、为实体减负、促进市场交投活跃的一种途径。

3. 促进加强行业自律。“贴现通”加强了银行间对直贴市场的信息互通，有助于加强行业自律机构在自我监管和市场协调中的作用，改变过去市场参与者关系“杂”“散”的现状。

四、票据经纪业务发展的对策建议和前景展望

当前票据经纪业务的发起逻辑并未按照传统经纪业务进行制度设计，更多的是致力于解决在银行与企业间的一级市场的信息不对称问题，与传统的金融机构间经纪业务特点存在共性，在具体操作层面上又有所不同。

（一）传统货币经纪业务的启示

在国内外其他货币市场的实践中货币经纪业务已经被证明具有诸多特点。一是为货币市场提供较为连续的报价，有效支持市场的流动性。二是佣金由经纪公司和被服务机构双方确定，费率恒定，价格较为公开透明。三是减少市场信息不对称，平稳市场价格预期，减少交易价格摩擦，起到更好的价格发现和传导作用。四是在交易确认前，经纪公司有责任保护交易双方信息，有效保护交易双方的商业秘密，减少交易者因直接对外报价产生的对市场价格预期的干扰（对于资金体量较大的机构而言，这点较为重要）。五是对于经纪服务接受者而言，在自身市场人员相对不足，或者业务总量有限的情况下，出于人员成本考虑，选择经纪服务将有效降低部分金融机构，尤其是小型金融机构的业务成本。

（二）票据经纪业务发展的对策建议

票据经纪业务正在进行一次重要的创新尝试，当前仍面临一些潜在的问题，需要市场共同努力去解决。

1. 取得相关政策和制度支持。交易主体的合规性认定仍待推进。传统货币经纪业务由5家货币经纪公司持牌经营。从理论上看，票据经纪业务是货币经纪业务的分支，对于现阶段经纪机构来说，资质更多的是业务资格范畴，而非牌照范畴。

根据《货币经纪公司试点管理办法》总则第二条：“本办法所称的货币经纪公司，是指经批准在中国境内设立的，通过电子技术或其他手段，专门从事促进金融机构间资金融通和外汇交易等经纪服务，并从中收取佣金的非银行金融机构。”货币经纪业务被限定在金融机构之间开展，而目前的票据经纪显然不属于该业务范畴。此部分底层政策支持有待监管的进一步认定。

2. 解决信息不对称的交易形式问题。传统货币经纪公司在报价过程中能够有效解决信息不对称问题，是源于信息不对称的买卖双方可分别通过经纪机构发起不同的买卖需求，经纪机构可通过信息撮合寻找最优交易价格。

目前的交易机制是以贴现企业进行卖方询价为发起前提，随后经纪机构向买方（贴现行）询价，而当前票据经纪缺乏对以贴现行进行买方询价为发起前提的支持，导致在经纪活动过程中始终存在单边效应。经纪业务属于典型的双边市场，单边交易将可能对市场交投活跃产生较大负面影响。建议在“贴现通”的进一步开发中，提供贴现行（买方）的主动询价机制，改善票据经纪的单边现状。

3. 信息不对称的辩证关系——贸易背景审查及责任。在直贴市场中，企业相较于银行而言，在价格信息中相对处于劣势，但在贸易背景信息中相对处于优势，直贴市场的信息不对称不是单向的，而是双向辩证关系。

现有票据经纪在解决价格信息不对称的问题上有明显效果，但对于银行贴现中贸易背景审查需求的信息不对称，目前尚未有较好的解决方案。

具体表现在：部分贴现行在贴现过程中仍有贸易背景审查要求，在现有模式下，贸易背景的审查责任认定存在模糊地带。票据经纪本质上依然是企业在银行的贴现行为。在现实操作中，由于经纪机构更了解企业，对贸易背景把握性更强，若将审核责任落于经纪机构，与经纪业务本身性质有所背离，若仍以传统贴现贸易背景审查规定要求贴现行，则又存在对贸易背景信息掌控较弱的情况。

针对以上情况，建议市场继续推进解决融资性票据的认定问题。部分大金额票据融资性属性客观存在，对于价格更加敏感，更需要票据经纪进行有效的价格传导，突破融资性票据合法性困局。同时建议“贴现通”在下一步的迭代开发过程中，增加买卖双方的信息交换接口，提供线上传送贸易背景等资料的通道。

按照其他市场经验，市场具有对经纪机构交易习惯的黏性，经纪机构在操作中并不会过分担心交易双方在交易中信息充分互通。

4. 全市场网银系统机制的升级。当前票据经纪以交易端和ECDS端互通为基础，目前交易端开发较为完善，但由于ECDS存在历史沿革，各行的电票网银端分散开发，界面不一；部分银行尤其是中小银行对于跨行贴现、不开户贴现支持较差，而该类行目前又是中小银行承兑票据的重要贴现出口，中小银行承兑票据在直贴市场中信息不对称的情况更加突出，更迫切需要经纪业务的有效支持。各贴现行由于内部规则制定问题，在电票贴现环节，效率和规范有所不同，影响了企业客户的贴现体验，增加了经纪机构业务开展的难度。

系统不规范不统一将影响票据经纪的开展，建议市场统一企业电票网银贴现规范。

5. 建立合理的佣金机制。在目前的业务实践中，佣金的支付和收取方式尚未明确。若贴现行付佣金，由于各贴现行中间业务支出流程各异，支付佣金难度不一，难以保证支付佣金效率；若企业支付佣金，又缺少线上接口和相关的收费规定。一套成熟的支付佣金机制将有效推动经纪市场的良性发展。佣金定价机制可以市场化，但支付佣金的手段应该得到市场一致的认定。建议在未来的系统接口中，加入通过系统支付佣金的方式，固化佣金操作，提高经纪机构积极性，规避道德风险。

6. 自营业务和经纪业务自发隔离的手段。《货币经纪公司试点管理办法》第三章第三十二条规定："货币经纪公司及其分公司仅限于向境内外金融机构提供经纪服务，不得从事任何金融产品的自营服务。"自营属于货币经纪业务的红线。

在票据经纪操作中，由于经纪机构兼有自营操作的权限，难以完全做到信息中立，在经纪过程中不可避免地存在逆向选择——被服务的企业提供的票据只在自身无法办理贴现的情况下才对外通过"贴现通"询价，而该类票据往往有授信超限或者贴现主体存在瑕疵的情况。

现有机制无法完全杜绝以上客观情况。除了引入前文提到的双边交易形式外，增强经纪机构间竞争，发挥市场机制和交易机制的双重作用，才是保证各行经纪业务自主隔离的重要手段。建议可通过适当引入传统的货币经纪公司、非银机构乃至部分经过规范后的持牌机构，同时在日常业务运行中进行严格的监管并设定退出机制，保证经纪活动的良性运行。丰富经纪机构将有效推动票据经纪业务和自营业务的隔离，在维护被服务者利益的同时，有力推动票据经纪业务的蓬勃发展。

国际经验

市场透明度规范的指导原则

上海票据交易所　摘译[1]

[摘要] 市场透明度是影响市场质量的一个重要因素。市场的各种信息不断产生并持续影响着市场价格的形成，信息披露的广度、深度和时间，即市场透明度一直以来都是金融市场的一个重要课题。全球金融市场协会（GFMA）提出，政策制定者和管理者在设计市场透明度框架时应该遵循以下原则：一是监管机构的透明度应及时、一致和适当，以履行监管监督职责并支持市场诚信；二是公共市场透明度规范应鼓励市场为价格形成和风险管理提供流动性，同时不损害市场完整性、流动性、效率和弹性；三是应根据特定资产的监管目的、市场结构和流动性概况，适当调整透明度信息披露的深度和时机；四是有效的透明度框架应基于与所有市场参与者的协商和成本效益分析；五是市场执行透明度规范的能力至关重要。

市场透明度规范应该符合具体的政策目标，考虑不同市场和不同资产类别之间的结构差异，向市场参与者提供有意义和有用的信息，同时不会对市场完整性、流动性、效率和弹性产生不利影响。适当的透明度——无论是通过监管

① 原文链接：http://www.gfma.org/correspondence/item.aspx?id=993。

报告来履行市场监督职责还是公共传播——都可以实现上述目标。

GFMA支持监管机构通过监管报告履行其监管监督职责，监控违规交易行为，发现市场滥用情况并支持市场诚信。然而，公共市场透明度规范的制定涉及市场范围内的报价和交易细节的传播，需要谨慎处理，以避免市场效率降低。最终用户参与市场进行价格发现、风险分散和风险管理，并对价格和风险转移的即时性有不同的要求。提高公共透明度应该有利于市场的运作和完整性，同时考虑信息披露的时间、标的资产的流动性以及最终用户的需求。GFMA鼓励政策制定者和管理者在他们设计市场透明度框架时清楚定义政策目标，并符合以下原则：

一是监管机构的透明度应及时、一致和适当，以履行监管监督职责并支持市场诚信。

二是公共市场透明度规范应鼓励市场为价格形成和风险管理提供流动性，同时不损害市场完整性、流动性、效率和弹性。

三是应根据特定资产的监管目的、市场结构和流动性概况，适当调整透明度信息披露的深度和时机。

四是有效的透明度框架应基于与所有市场参与者的协商和成本效益分析。

五是市场执行透明度规范的能力至关重要。

原则一：监管机构的透明度应及时、一致和适当，以履行监管监督职责并支持市场诚信

监管机构应该能够获得相关信息，以便监控违规交易行为，发现市场滥用，识别市场结构变化，提高市场诚信度和促进风险监控。更重要的是，报告的及时性和报告要素的广度应经过严格的成本效益分析，同时应考虑到：（1）时机对市场监管机构履行监督职责的重要性；（2）促进价格形成和风险管理的流动性；（3）保护客户隐私的必要性。

全球监管论坛（GSF）鼓励监管协调，减少不一致或重复的管辖规则，降低运营复杂性，同时提高数据收集的效用。这种跨境协调和报告制度的一致性使监管机构能够全面了解某些全球性市场的风险。跨境监管协调的意义在于：（1）确保监管机构拥有必要的政策工具，解决不同区域数据隐私和安全规则的法律分歧;（2）帮助解决跨国公司在全球环境中运营的合规风险。

在适当情况下，跨境协调监管报告还可以帮助监管机构获取监管监督所需的信息。例如，国际监管合作有助于识别全球掉期市场中的系统性风险，并设计监管机制，解决影响全球掉期交易报告的法律和运营问题，包括数据隐私和保密要求。

原则二：公共市场透明度规范应鼓励市场为价格形成和风险管理提供流动性，同时不损害市场完整性、流动性、效率和弹性

市场透明度规范是公平有效市场总体框架的一部分。然而，制定市场透明度规范的监管机构应仔细审查和权衡，以确保为市场参与者提供有意义的信息，同时不对市场的完整性、流动性、效率和适应性作出任何干预。透明度框架应实现具体的政策目标，适应不同的市场结构，并尽量减少意外后果的风险。

透明度规范的制定应灵活，并考虑不同的要素，合理的市场透明度规范应：一是促进价格发现。市场参与者应该能够获得相应的信息，如交易场所位置、准入标准和准入的规模。二是鼓励市场参与。透明度规范不应过分偏向于一组参与者或一个细分市场，而不利于其他参与者，应确保市场参与者之间的公平竞争环境。三是提升市场信心。符合监管目标的市场透明度规范应鼓励市场为价格形成和风险管理提供流动性，支持市场的运作和完整性。四是不产生不利影响，即市场的完整性、流动性、效率和弹性不会受到不利影响。

仔细权衡公共透明度和流动性是必要的，以确保符合监管目的和最终用户需求。为了促进市场流动性，透明度规范应该支持主要市场，特别是在市场依赖做市商提供流动性的情况下。

对于流动性工具，公共透明度往往很高。因此，进一步提高透明度并不一定会改变价格。但是，如果不考虑公共传播的时间，交易不活跃工具公共透明度的提高可能会导致价格和估值的波动性增大以及交易规模变小，从而影响发行人和投资者的行为。以低流动性债券为例，不考虑公开传播的时间，透明度的提高：（1）使最终用户减少交易规模;（2）抑制具有集中头寸的大型投资者的投资活动（特别是非流动性证券）;（3）促使流动性提供者降低持仓水平以管理价格波动风险。最终，这可能会增加发行人的融资成本，同样也使投资者难以及时退出其头寸而不会产生不必要的成本。

有理论认为，提高市场透明度将吸引新的市场参与者，进而增加市场流动性，这是假设一旦投资者能够从更广泛的市场参与者那里获得流动性，流动性的暂时下降将恢复到以前的水平。虽然提高市场透明度可能会吸引短期投资的新市场参与者（例如那些不会投入大量隔夜资金以满足客户需求的公司），但也可能会减少大型、集中、长期投资者的参与。必须仔细权衡这些，以评估市场参与者行为的演变如何影响长期流动性和金融市场弹性。

适当的透明度因资产类别、工具和细分市场不同而异。在某些情况下，为了保持适当的市场流动性水平，必须设计豁免和延期以提供尽可能高的透明度，同时不会对期限投资者或流动性提供者的报价造成不利影响。在一些监管制度中已经认识到，对交易前和交易后透明度采取“一刀切”的方法会损害市场流动性。

原则三：应根据特定资产的监管目的、市场结构和流动性概况，适当调整透明度信息披露的深度和时机

合理的市场透明度规范有助于价格发现，提高数据质量，并使市场参与者能够更好地评估执行质量。面临的挑战是为特定资产类别、产品、工具设计适当的透明度，以实现监管目标。在将透明度和披露要求从一个市场部门或司法管辖区复制到另一个市场部门或管辖区之前，决策者应考虑不同资产类别和产品的细微差别。

对于监管报告，如原则一所述，应酌情向监管机构提供市场交易数据，以支持监管机构履行监督职责和金融稳定职责。

对于公开传播，如果设计得当，报价或交易细节的公布可以促进价格形成和支持风险管理（原则二）。最终用户参与市场进行价格形成、风险分散或风险管理。在不考虑相关资产流动性状况公开传播时间的情况下，提高透明度可能导致市场规则制定者无法有效满足最终用户的需求。

对于其他监管义务，与透明度无直接关系的一些义务仍可能与公共传播相关规定相互作用。对于此类义务，应在实施之前仔细评估与公共传播规则的相互关系。

金融细分市场之间的基本结构差异也排除了“一刀切”的透明度规则框架。最终用户的需求推动了做市商。做市商服务最终用户的能力将取决于交易规模和市场结构。因此，应根据具体的市场结构精心设计和量身定制透明度规范，主要考虑：一是市场参与者的类型（例如批发与零售投资者，以及受监管与未受监管的参与者），如何制定规范以增加最终用户的价值，并确保公平的竞争环境；二是适用透明度规则的金融工具的流动性状况；三是匿名和保密条款的必要性，保护市场敏感信息和风险管理策略；四是披露时间以及报告延迟（例如适当的延期和豁免）可能是必要的，以避免对投资者和最终用户造成损失。

市场透明度的及时性应该支持提供流动性，并使投资者和做市商能够进行风险管理（提供流动性以满足最终用户的需求）。根据监管目标和市场结构，可以在以下方面提供市场透明度：一是交易前，公布参与者的报价；二是交易后，信息实时或延迟披露，可能会掩盖大宗交易的规模。

对于交易前透明度，应特别谨慎地制定交易前透明度规范，以免影响做市商满足投资者需求的能力；交易前透明度可能有利于某些细分市场，但可能对其他市场产生不利影响。制定交易前透明度规范的当局应该：一是确保头寸规模不会过度；二是在考虑其他司法管辖区的类似要求之前，仔细评估一个辖区内新监管要求的执行情况；三是确保任何交易前披露都是匿名的。

对于交易后透明度，与“不产生不利影响”目标一致，公开成交价格不应对报价和成交价格产生不利影响。在向市场披露交易信息之前，如果没有提供足够的时间给最终用户投资者来管理其风险敞口，其会受到不利影响。交易后透明度制度应该提供延迟披露，允许在交易细节暴露之前执行交易，特别是非流动性细分市场。

在设计报告制度时，有以下几种机制可以供参考。

1. 在披露之前确定延迟时间，以解决需要对冲的特定风险。这些豁免应基于交易规模和交易频率。如果报价受到公开披露的影响，该工具应归类为“非流动性”。

显示“平均交易规模”或“标准市场规模”的报价或交易会给投资者和做市商带来不同的风险。政策制定者和监管机构必须仔细调整“大宗交易”延迟或免于报告要求的门槛，以避免意外后果。对“平均交易规模”或“标准市场规模”指标的依赖迫使市场规模较小，因为做市商必须减少所引用的交易规模，使其不会因其他人知道其头寸而面临不必要的风险。为了降低这些风险，政策制定者和监管机构应根据风险对多种产品进行豁免，而不是基于“平均交易规模”或“标准市场规模”（仅适用于普遍存在的可互换或可互换资产）。

2. 不披露大型流动性较低的交易。公开披露大型流动性较低的交易，大大增加了真实投资者以及做市商对冲头寸的风险。为防止这些不利影响，政策制定者应避免强制公开披露高于“大宗交易”门槛的交易的实际规模。

原则四：有效的透明度框架应基于与所有市场参与者的协商和成本效益分析。

政策制定者应根据明确的政策目标，对拟议的市场透明度规范进行充分的成本效益分析。分析应考虑新的透明度规范对投资者和最终用户产生的影响，同时平衡对市场完整性、效率、流动性和弹性的总体影响。至关重要的是，市场参与者有机会就拟议的市场透明度框架以及成本效益研究提供意见。

市场透明度规范应该能提供有意义和有用的信息，并且公众容易理解。通常在没有监管干预的情况下实现适当的市场透明度，市场主导的发展已经通过市场参与者的价格传导模式提高了交易前的透明度，例如电子做市，为客户提供更多定期价格的交易商以及债券电子交易平台等。政策制定者应该能够证明拟议的市场透明度规范：一是促进形成适当的风险管理策略；二是为投资者提供足够的透明度，以便他们作出明智的投资决策；三是使经济和市场力量推动市场结构变革；四是鼓励提供双向流动性，并且不会损害市场诚信、流动性、效率和适应力。此外，随着透明度规则的实施，有必要对其进行持续评估，以评估该制度的总体有效性。

原则五：市场执行透明度规范的能力至关重要

政策制定者和监管机构应确保市场透明度指南在实施之前可行。各个司法管辖区对贸易报告、数据隐私和安全规则的不同要求给在全球环境中运营的跨国公司带来了法律冲突和合规风险。重要的是要明确报告框架的技术方面，例如产品范围、时间安排、可报告领域、技术报告格式和标准，使所有市场参与者在实施规则之前都有明确的指导方针。此外，我们鼓励政策制定者和监管机构在报告系统上线之前提供足够的时间对其进行测试。在市场透明度制度跨境的情况下，全球协调和监管一致性是必需的，并且明显有利于跨不同市场和司法管辖区的跨国公司。

跨境监管的一致性也有利于政策制定者和监管机构，因为它有助于跨不同司法管辖区的数据汇总，以获得市场的全球视图，支持其监督义务。国际社会——主要是20国集团（G20）——长期以来认识到机制的重要性。G20领导人2013年9月在《圣彼得堡宣言》中指出：监管机构应根据各自的监管和执法制度的质量，以相似的结果，以非歧视的方式，适当尊重本国监管制度。政策制定者和监管机构应该拥有必要的政策工具，以减轻多个监管机构的重复或不一致的报告要求。

如果司法管辖区具有类似的透明度制度，则应该尊重地方当局。跨境协调监管报告指南在适当的情况下可以帮助识别和适应跨辖区的不同数据隐私要求，这可能是提高数据质量、避免冲突和提高数据报告效率所必需的。最终，制度的跨境协调和一致性有助于防止重复或法律冲突的负面后果，而且有助于降低交易成本，促进竞争市场，促进跨境贸易和投资，特别是对最终用户而言。跨境协调监管对于了解全球掉期市场的系统性风险以及解决影响全球掉期交易报告的法律和运营问题（包括数据隐私和保密要求）至关重要。在这方面，支付和市场基础设施委员会及国际证券委员会组织正在进行的工作是协调监管报告制度中的共同数据要素，以及简化国家主管当局监督报告的工作。

结论

GFMA支持为监管机构量身定制透明度规范，通过监督提高市场诚信度。透明度规范应酌情考虑市场之间的基本差异，以便在适当的情况下设计公共市场透明度规范：一是促进价格发现；二是鼓励市场参与；三是增强市场信心；四是支持监管监督；五是不损害市场的完整性、弹性、流动性和效率。

符合监管目标的公共市场透明度规范应该通过提供流动性，促进价格形成和风险管理，支持市场的运作和完整性。相反，如果透明度规范不考虑公共传播时间，不权衡风险、交易量和交易频率，可能增加最终用户的交易成本或减少他们进入市场的机会；抑制了长期投资者的参与，从长远来看，不利于流动性和金融市场的复原力；降低了做市商的资金投入意愿，降低了市场流动性；暴露企业在市场中的地位或揭示企业的专有数据；由于跨越司法管辖区的不同数据保护和隐私制度，导致法律冲突。

明确界定风险或政策目标使监管机构和政策制定者能够为所有市场参与者的利益设计市场透明度规范。市场之间的基本结构差异排除了“一刀切”的设计。GFMA鼓励政策制定者和监管机构协调关键司法管辖区的监管报告要求，以避免跨辖区的报告要求不一致或重复。GFMA市场透明度指导原则旨在改进市场透明度规范的制定，以确保它们满足不同市场结构和资产类别的需求，同时向市场参与者和监管机构提供有意义的信息。GFMA鼓励全球政策和标准制定机构考虑这些原则，以进一步支持流动、高效和富有弹性的市场。

国际金融动态

上海票据交易所　编译

SIFMA[①]：《2019年资本市场年鉴》

《2019年资本市场年鉴》包含2018年全球和美国资本市场的相关数据。全球市场方面，2018年全球债券市场余额为102.8万亿美元，同比增长2.2%。权益类产品市值为74.7万亿美元，同比减少12.5%。长期债券市场发行量为17.1万亿美元，同比减少4.1%。权益类资产发行量为560.9万亿美元，同比减少18%。美国市场方面，2018年美国证券市场债券类和权益类产品共筹资2.4万亿美元，同比减少10.8%。公司债、资产支持证券和非政府机构证券共发行2.2万亿美元，同比减少11.8%。长期地方政府债共发行3383亿美元，同比减少24.5%。权益类资产共发行2212亿美元，同比增长0.4%。

资料来源：Capital Markets Fact Book 2019，www.sifma.org.

AFME[②]：2019年第二季度欧洲资产证券化市场数据

2019年第二季度，欧元区共发行资产证券化产品607亿欧元，同比减少10.08%，季末余额为1.25万亿欧元，同比增长3.9%。第二季度欧洲资产支持商

① SIFMA：美国证券行业和金融市场协会。
② AFME：欧洲金融市场协会。

业票据（ABCP）发行1499亿欧元，同比增长37.0%，余额为199亿欧元，与上一季度相比下降2.6%。2019年第二季度欧元区、美国、澳大利亚资产证券化产品余额分别为12460亿欧元、91769亿欧元和616亿欧元。

资料来源：European Structured Finance Securitisation Data Report Q2:2019，www.afme.eu.

表1　欧元区、美国、澳大利亚资产证券化产品历史发行量

单位：亿欧元

	欧元区	美国	澳大利亚
2010	3780	12459	155
2011	3768	10689	204
2012	2578	16090	148
2013	1808	15651	224
2014	2171	11909	221
2015	2166	17445	199
2016	2396	18604	164
2017	2365	18993	292
2018	2697	16703	195
2019Q2	931	8038	119

SIFMA：基准利率改革的进展与问题

距离停止LIBOR强制报价还有约900天（2021年底），一些市场参与者却还未对此有足够重视。另一些国家已经在寻找替代利率方面取得了较大进展，如英国2019年上半年使用SONIA（英镑隔夜指数均值）的互换合约，名义交易量已占到全部交易量的45%以上。另外，不同合约的转换进度不一样：衍生品市场已有几种转型选择；公司债由于在一些情况下需要全部持有人达成共识，因而转换较困难；贷款市场的进展甚至更慢。市场参与者表示其不愿使用替代利率的一个原因，是替代利率尚缺乏相应的期限利率。然而，相关监管机构表示，即使替代利率暂时没有期限结构，市场参与者也应尽快开始使用替代利率来转换现有合同和发行新产品，以避免将来可能出现的市场风险和法律风险等。

资料来源：Spotlight: Tick Tock, Only 900 Days Until LIBOR's (Potential) End，www.sifma.org.

GFMA①：《可持续金融发展情况调查报告》

可持续金融的定义是：能对强劲、可持续、平衡的发展作出贡献，并直接或间接支持联合国可持续发展目标（SDGs）的融资活动及相关制度安排、市场安排。全球金融机构当前正在积极参与可持续金融发展。首先，将气候变化和可持续发展理念加入它们的核心业务中，91%的被调查公司发布了可持续金融政策和发展策略，68%的公司发布了可量化的可持续金融发展中长期目标。其次，将可持续金融产品和服务加入业务条线，所有被调查公司均在遵循国际资本市场协会提出的《绿色债券原则》。最后，金融机构正在探索新的数据获取和使用方式以促进可持续发展政策的透明度，使具体效果更易于衡量。受访者建议监管者提供更多的激励政策，包括税收激励、对可持续金融项目的补贴、补助计划或政策支持等。

资料来源：GFMA Sustainable Finance Survey Report，www.gfma.org.

ICMA②：绿色债券、社会债券、可持续债券市场发展近况

2019年初至今，全球的绿色债券发行量已达到1117亿美元，同比增长35%，符合市场预期，余额也已超过6400亿美元。其中，绿色公司债增长最快，在总发行量中占比达到31%，而2018年绿色金融债占比最高。欧洲和亚洲是发行绿色公司债最多的地区。此外，绿色主权债也保持了较高的发行增速。社会债券和可持续发展债券方面，虽然规模较绿色债券相对较小，但也保持了强劲的发行增速，2019年上半年同比增长75%。

资料来源：Green, Social and Sustainability Bond Markets，www.icmagroup.org.

① GFMA：全球金融市场协会。
② ICMA：国际资本市场协会。

IMF[①]：《全球金融科技发展概览》

金融科技的发展对金融服务有着全球性的影响。移动支付作为起步较早的重要技术，衍生出一系列广泛的应用，支付、清算和结算过程中的金融科技进步有望带来显著收益。新的市场参与者正在挑战当前市场中企业的地位，逐渐发展的市场结构将提升竞争性和效率，同时对于金融稳定性和诚信度也带来了新的风险。平衡竞争规则的优先项是一个重要挑战。根据调查，非洲移动货币市场增长迅速，成为普惠金融发展的重要驱动者；亚洲在金融科技的每个细分领域均有进展；欧洲的金融科技市场增长迅速，但仍存在发展不均衡的问题；中东地区、北非、阿富汗、巴基斯坦、拉丁美洲等地区也在逐渐加快发展步伐。各国希望拥有更加开放、价格合理的渠道以获取核心数字服务和基础设施，但基础设施差距和监管限制仍然广泛存在。金融科技的发展催生了新的风险，但当前相关监管依然局限于传统的监管范围。对此，各国呼吁在网络安全、反洗钱、打击金融恐怖主义、完善监管及跨境支付体系等更多领域深化国际合作，共同制定适用于全球范围的数据政策框架，同时标准制定机构在数字资产、移动支付服务、P2P借贷等领域也亟待设定新的国际标准。

资料来源：IMF:Fintech: The Experience So Far，www.imf.org.

BIS[②]：BigTech在金融领域的机会与风险

BigTech（大型科技公司）的商业模式依赖于创造大量用户之间的直接互动，其业务的天然副产品是用户行为数据。拥有电子商务平台的BigTech从买卖双方的交易行为中收集数据，并将这些数据与客户的财务和消费习惯信息相结合。这些信息对于信用评分模型来说非常重要，特别是在中小企业贷款和消费贷款领域。发展中国家的中小企业往往因缺乏经过审计的财务报表，或所在地

① IMF：国际货币基金组织。
② BIS：国际清算银行。

没有银行分支机构，从而难以获得所需的金融服务。而BigTech拥有的客户信息减少了传统金融服务中对相关材料和担保品的需要，可扩大金融服务的覆盖范围。当然，BigTech进入金融领域也会带来新的风险和问题。其中，金融稳定和投资者保护问题，可通过修改和扩展现有监管规则来解决，而另一些问题则需要从金融监管、竞争政策、数据隐私等方面进行全面考虑。

资料来源：Big tech in finance: opportunities and risks，www.bis.org.

英格兰银行：积极探索运用金融科技更好履职

英格兰银行正在积极探索运用金融科技更好地履行其职责，包括升级硬基础设施（尤其是支付体系）以增强安全性和支持创新，以及更新软基础设施（制度和监管法规）以减少金融科技可能带来的潜在风险。为支持金融科技的安全、灵活部署，英格兰银行正在采取以下措施：一是使用最新技术对其实时全额支付系统（RTGS）进行更新。更新后的系统将支持多种结算模型，包括采用创新支付技术（如DLT）运行的系统；同时也将增强同步能力，使RTGS中的资金变动信息能与其他账本中的变动进行同步。二是增加非银支付服务提供商对RTGS的访问。英格兰银行已在2018年将结算账户的访问权限扩大至受监管的非银支付服务提供商，使其可直接访问RTGS开展交易结算。三是确保软基础设施（制度和监管法规）与金融科技的发展相适应。

资料来源：Embracing the promise of fintech，www.bankofengland.co.uk.

ASIFMA[①]：2019年第一季度《亚洲信用报告》

2019年第一季度，亚洲（包括日本、澳大利亚、新西兰）G3债（以美元、欧元、日元计价的债券）发行总量为1459亿美元，同比减少2.3%。其中，高

① ASIFMA：亚洲证券业与金融市场协会。

评级债发行949亿美元，同比减少14.2%；垃圾债发行279亿美元，同比增长72.2%；未评级债发行231亿美元，同比增长2.2%。亚洲本币债券发行总量为4333亿美元，同比减少17%，其中高评级债发行2854亿美元，垃圾债30亿美元，未评级债1453亿美元。

第一季度在岸人民币债券发行量为1644亿美元，同比增长29.9%，季末余额为13万亿美元。离岸人民币债券第一季度发行量为19亿美元，同比减少50%。人民币点心债（在香港发行的人民币计价债券）季末余额为530亿美元，同比下降5.5%。

资料来源：Asia Credit Report First Quarter 2019，www.asifma.org.

ISDA[①]：《亚太地区衍生品发展情况市场调查》

2019年初，ISDA对亚太地区480家商业银行、证券公司、中央对手方、企业等开展了衍生品市场调查。调查显示，市场参与者预计亚洲衍生品市场将会继续扩大，但增长速度取决于多种因素，包括各国金融市场自由化程度、监管机构和政策制定者对解决重要行业问题的支持、衍生品相关法律和监管不确定性的解决等。调查主要结论：首先，74%的被调查者预计亚洲银行的衍生品交易活动将在未来三到五年内增加，而只有35%的被调查者认为在亚洲的欧美银行交易会增加。其次，新加坡是未来三到五年亚洲衍生品市场最重要的参与者，其次是香港和东京。最后，执行违约轧差(close-out netting)、确定本地抵押品的有效性、在更多地区使用ISDA主协议的能力，将对亚洲企业的衍生品交易和风险管理产生重要影响。

资料来源：Asia-Pacific Derivatives Survey，www.isda.org.

① ISDA：国际掉期与衍生工具协会。

2019年1~8月商业汇票业务数据

上海票据交易所

单位：亿元

时间	承兑发生额		贴现发生额		转贴现发生额		质押式回购发生额	买断式回购发生额	承兑余额		贴现余额	
	银票	商票	银票	商票	银票	商票			银票	商票	银票	商票
2019年1月	21672.31	3857.26	15427.72	1438.41	44905.81	5064.59	8854.72	81.54	104287.29	16694.19	68448.48	6165.40
2019年2月	9023.62	1342.90	6694.06	560.29	27346.97	1658.27	5858.17	52.45	102954.26	16469.95	69418.31	6237.19
2019年3月	15866.22	2107.33	10667.61	845.92	36860.85	2930.29	10432.41	35.14	105121.62	16291.26	71891.47	6257.67
2019年4月	13231.08	2004.23	8545.86	636.94	31239.36	2690.41	11485.01	24.56	106864.89	16429.40	73547.02	6272.45
2019年5月	12770.15	2177.65	8172.98	712.71	29089.50	2018.27	13169.79	49.25	107232.79	16605.74	74233.09	6303.39
2019年6月	13505.04	2626.63	8733.01	805.18	25902.00	2214.66	10068.63	93.42	106460.06	16622.88	74144.62	6405.15
2019年7月	13587.49	2287.41	8844.36	587.64	36439.84	3190.67	11832.55	20.38	103489.70	16016.92	72370.39	6170.50
2019年8月	14225.29	2426.12	9444.62	655.35	26346.10	1785.11	9230.05	80.32	105977.38	16739.14	73636.05	6291.91